받아쓰기로 끝내는 영어듣기 (기초)

유지훈 지음

받아쓰기로 끝내는 영어듣기(기초)

초판 1쇄
발행일 2017년 4월 15일

글쓴이 유지훈
디자인 황다건 장세영
영　업 유지영
펴낸곳 투나미스 출판사

주소 수원시 팔달구 정조로 735, 3층 206호(중동, 해피니스 빌딩)
전화 031-244-8480 / **팩스** 031-244-8480
홈페이지 http://www.tunamis.co.kr
이메일 ouilove2@hanmail.net

출판등록번호 제2016-000059호
ISBN 979-11-87632-11-5(13740)
가격 12,000 원

- 이 책의 무단전제와 복제를 금하며, 책 내용의 전부 혹은 일부를 인용하려면 반드시 투나미스 출판사의 동의를 받아야 합니다.
- 잘못된 책은 본사나 구입하신 곳에서 바꾸어 드립니다. 책 값은 뒤표지에 있습니다.

감사의 글

"저는 거인의 어깨 위에 선 난쟁이에 불과합니다. 시력이 좋아서라기보다는 거인의 키만큼 높이 올라간 덕에 좀 더 멀리 볼 수 있었습니다."

아이작 뉴턴(Isaac Newton)의 격언쯤으로 생각하는 사람들이 많겠지만 일설에 따르면 11세기 프랑스 철학자 성 샤르트르 베르나드(Bernard of Chartres)가 남긴 말이라고 합니다. 이처럼 많은 사람들이 나를 높이 띄워주지 않고 내게 어깨를 내주지 않았다면 이 책은 세상에 나오지 못했을 것입니다. 햇수로 2년간 꾸준히 모은 자료가 학습서로 승화되기 되기까지, 나만의 노하우를 세인에게 전하는 지금 이 순간이 오기까지 많은 분들이 필자와 인연을 나누고 은연중에라도 도움을 주셨습니다. 우선 부족한 아들을 늘 격려해주시는 부모님과 꿈을 펼칠 수 있도록 날개를 달아준 유지성 누나와 유지영 형님에게 고마움을 전합니다.

2017년 3월
번역가 유지훈

: 프롤로그

 기적은 없다

'웃기는 영어'
'만화 영어'
'통시통역방식 영어'
'이미지 영어'
'4차원 영어'
'마임 영어'
'미친 영어'
'연상 기억법'
'세상에서 가장 쉬운 영어책'

　중국어나 일본어 학습서에서는 거의 찾아볼 수 없는 광고문구입니다. 뭔가 신선하다는 이미지를 주려고 각종 노하우가 속출하고 있는데 유독 영어만 괄목할 만큼 종류가 다양합니다. 저자나 출판사 관계자가 머리를 쥐어짜낸 흔적이 보여 구태의연하거나 단조롭지는 않아 보입니다. 그래서 흥미를 끌기에는 좋을지 모르지만 영어가 쉽다는 이미지는 학습자에게 그릇된 인상을 심어줄 수 있습니다. 지금껏 수십 권의 원서를 읽고 우리말로 옮기면서 느낀 점이 있다면 '영어는 정말 어렵다'는 것입니다. 아니, 비단 영어뿐 아니라 외국어가 그렇습니다. 두뇌에 새 프로그램을 설치하듯 간단한 작업이 아닌 데다 공부하기가 싫을 때도 있고 욕심을 따라가지 못해 좌절할 때도 있기 때문입니다.

 영어는 입력부터

　대학시절, 알파벳의 발음을 가르친 후 곧바로 프리토킹을 시키는 강사를 보고 놀란 적이 있습니다. 우스갯소리로 치부할지 모르지만 실화입니다. "씨를 뿌려야 곡식을 거둔다"는 진리는 영어에서도 예외가 아닙니다. 즉, 입력이 있어야 출력이 있다는 말입니다. 여기서 입력이란 읽기와 듣기를, 출력은 말하기와 쓰기를 가리킵니다. 아기가 태어나면 몇 년간 듣기만 합니다. 들은 말이 있기에 조금씩 말도 늡니다. 그러다가 글자를 배워 읽기 양을 늘리면 그제야 언어다운 언어를 구사할 수 있게 됩니다. 하지만 요즘에는 듣기와 읽기보다는 회화나 수험영어에 치중하는 외국어학원이 상당히 많습니다. 수요가 커리큘럼을 결정한 데서 비롯된 영어교육의 병폐라고 보면 될 듯싶은데, 무조건 입력부터 늘리시기 바랍니다. 듣기와 독해는 어느 정도 쌓이면 어순감각과 어휘가 늘어나 쓰기와 말하기를 연습할 수 있는 기초가 됩니다. 둘이 마주앉아 몇 마디 연습하는 것으로 회화가 된다고 생각하면 큰 오산입니다. 기초가 얄팍하기 때문에 실력 향상에는 한계가 있을 것입니다.

영어 10년을 해도 안된다?

'영어를 10년 배웠는데 벙어리'는 어폐가 있는 말입니다. 사실 우리는 영어를 10년 동안 배우지 않았습니다. 수업 시수를 따져보면 초등학교에서 매주 1~2시간, 중 고등학교는 약 4시간이고 대학교에서 수강하는 영어 과목까지 합해봐야 800시간이 조금 넘는 수준입니다. 이는 8시간동안 꾸준히 100일을 배우면 다 채울 수 있는 시간입니다. 게다가 듣기와 말하기, 쓰기 및 독해를 따로 배우니 어떤 영역은 200시간이 채 되지 않을 것입니다. 즉, 우리나라는 '가는 물방울을 조금씩 떨어뜨려 바위를 깎겠다'는 식으로 영어를 가르쳐온 셈입니다. 서울대 언어학과 이호영 교수에 따르면, 최소 2,400시간은 말하고 쓰는 교육을 받아야 필요한 업무를 볼 수 있는 수준에 도달할 수 있다고 합니다. 절대량에는 턱없이 부족하니 애당초 이길 수가 없는 게임인 셈입니다. '벙어리'가 당연하다는 이야기입니다. 그러니 괜히 주눅 들지 말고 더 열심히 공부에 전념하길 바랍니다.

듣기가 가장 어렵다

낮에 영어를 열심히 배운 중년 남성이 저녁때 식구를 데리고 현지 레스토랑에 갔습니다. 영어실력을 마음껏 보여주겠다며 그리로 간 것입니다. 하지만 결국엔 웨이터의 말을 이해하지 못해 한숨을 쉬며 이렇게 이야기했답니다.

"낮에 배운 영어라 밤에는 통하지 않는구나."

듣기가 가장 어렵기 때문에 독해보다 일찍 시작해야 하고 시간을 더 많이 투자해야 합니다. 영어는 국적과 교육수준, 인종, 문화, 연령, 육성상태 등, 다양한 변수가 작용하는 탓에 어렵게 느껴질 때가 더러 있습니다.
"Particularly"

어떻게 들릴까요? 파키스탄 사람은 "빠르띠꿀러리," 미국인은 "퍼티큘럴리" 영국인은 "파티쿨럴리" 등 발음이 제각각입니다. 비슷하지만 익숙하지 않으면 자칫 뜻을 놓칠 수 있습니다. 우리가 영어를 듣지 못하는 이유는 그뿐이 아닙니다.

- 소리가 익숙하지 않아서
- 이해력이 말의 속도를 따라가지 못해서
- 어휘의 뜻을 몰라서
- 문법구조가 체화되지 않아서

영문을 들을 때는 영어 단어나 문장이 머릿속에 남아있으면 안 됩니다. 그러면 머릿속에서는 우리말로 다시 번역하는 데 시간이 소요되므로 말뜻을 놓치기 십상입니다. 듣는 동시에 의미가 곧바로 해석돼야 하는데, 들어서 의미를 이해한다는 것이 말을 이미지로 형상화한다는 이야기는 아닙니다. 그렇게 주장하는 사람들이 많이 있지만 따지고 보면 그렇지가 않습니다. 그냥 형언할 수 없는 느낌이라고 해두겠습니다. 가령 'apple'을 들었다고 칩시다. 여러분은 사과를 떠올립니까? 아닙니다. 그림처럼 머릿속에 떠오르는 것은 아무것도 없습니다만 다들 알아듣습니다. 신기하지만 그렇습니다.

끝으로, 완벽주의에서 벗어나기 바랍니다. 영어를 이해하지 못한다며 스스로 기를 죽이거나 괜히 남과 비교해서 '무덤'을 파지 맙시다. 한 달 전이나 1년 전의 실력과 지금의 것을 비교하십시오. 심리적인 요인도 언어공부에 대단히 중요합니다.

: 듣기 학습요령

내용은 대본과 어휘, 발음 및 번역문으로 이루어져 있습니다.
구성을 본 다음 학습요령을 단계별로 살펴보겠습니다.

듣기 구성

1. 대본

BOB DOUGHTY: This is SCIENCE IN THE NEWS, in VOA Special English. I'm Bob Doughty.

BARBARA KLEIN: And I'm Barbara Klein. This week, we talk about a sickness called lupus and other autoimmune diseases. Autoimmune diseases affect the immune system, the body's natural defenses for fighting disease.

BOB DOUGHTY: The immune system normally protects the body against foreign materials, such as viruses and bacteria. Autoimmune diseases result from a failure of the body's own defenses against disease. The immune system loses its ability to tell the difference between foreign materials and its own cells. So the body starts attacking its own organs and tissues.

2. 어휘 Vocabulary Guide

· normally	대체로	· organ	기관
· lupus	루퍼스	· tissue	조직
· autoimmune	자기면역의		

3. 발음확인

· auto
' 모음+T+모음' 패턴으로 T의 양옆에 모음이 올 땐 [T]가 [R]로 바뀐다.

4. 번역

밥 도티: VOA 스페셜 잉글리시, 뉴스속의 과학 시간입니다. 저는 밥 도티입니다.

바버라 클라인: 저는 바버라 클라인입니다. 이번 주 저희는 루퍼스(lupus)를 비롯한 기타 자기면역성 질환을 이야기합니다. 자기면역성 질환은 병과 싸우는, 신체의 자연방어체계인 면역계에 악영향을 줍니다.

밥 도티: 면역계는 주로 바이러스나 박테리아 같은 외부 물질에 대항하여 몸을 보호합니다. 자기면역 질환은 신체가 질병을 방어하지 못한 데서 비롯됩니다. 면역계는 외부 물질과 자신의 세포를 구별할 수 있는 능력을 잃게 됩니다. 그래서 신체가 자기 기관과 조직을 공격하기 시작합니다.

1단계 : 받아쓰기

받아쓰기는 음성과 문자언어를 대응시키는 동시에 집중력을 향상시키는 훈련입니다. 소리를 반복해 들으면서 한 문장씩 받아쓰면 소리에 집중하게 됩니다. 대본은 가리고 3단어 이상 받아쓰기 바랍니다. 받아쓰기는 듣기공부 중 가장 널리 이용되는 방법입니다.

2단계~3단계 : 내용 및 발음확인

어휘와 발음을 확인합니다. 어휘는 암기하고, 발음은 음성파일을 들으면서 연습합니다. 발음 규칙을 알고 읽는 것이 바람직합니다.

4단계 : 따라하기

문장을 의미별로 끊어 읽으면서 우리말만 보고 영어를 구사할 수 있을 정도까지 복습합니다. 번역문을 가리고 처음부터 술술 외우면 금상첨화입니다.

그러면 듣기 샘플을 각 단계에 맞춰 실습하시기 바랍니다.

: Contents

감사의 글
프롤로그
듣기 학습요령

---

01 EDUCATION I 교육 1 11
Bullying: Comments From Around the World
학원폭력, 이대로 둘 것인가?

02 EDUCATION II 교육 2 27
How an Involved Parent Can Help Prevent Bullying
부모가 학원폭력을 예방하는 데 도움이 되는 법

03 SCIENCE 과학 44
Nations Work Toward Aim of Zero Malaria Deaths
말라리아여, 잘 있거라!

04 DEVELOPMENT 개발 82
Computers, Children and the Digital Divide
디지털 격차

05 SOCIETY 사회 96
Crime and Punishment
죄와 벌

06 ECONOMICS 경제 129
With Bedbugs, Some People See Pests, Others See Profits
해충이지만 효자 노릇하는 빈대

07 HISTORY 역사 142
In November 1918, a Truce in World War
1918년 11월 휴전협정

08 HEALTH 건강 175
World Health Officials Consider New Tobacco Control Measures
흡연, 이제 그만합시다

09 TECHNOLOGY 기술 186
Making the World Wide Web More Usable to a Wider World
훨씬 편리해진 웹 세상

10 LANGUAGE 언어 201
Words and Their Stories: Feel The Pinch
어원이야기

01
EDUCATION I
교육 1

01 학원폭력, 세인은 어떻게 보는가?

STEP 1 받아쓰기

STEP 2 내용확인

Bullying: Comments From Around the World

This is the VOA Special English Education Report.

Last week's report on bullying brought so many comments online, we are going to take this time to share some.

One person, who gave no name or country, described an experience with a Parent Teacher Association: I have been a victim of bullying in a PTA group. It is not just a problem for teenagers. Adults also engage in bullying activities but it is usually verbal abuse by spreading lies to ruin your reputation or isolate the victim from the rest of the group. Since we are the role model of the next generation, our behavior will shape the future society.

Vocabulary Guide

· bullying	괴롭히기	· spread	퍼뜨리다
· comment	코멘트	· ruin	훼손하다
· bring-brought-brought	가져오다	· reputation	명예
· online	인터넷에서	· isolate	따돌리다
· take this time to+동사원형	이 시간에 ~하다	· generation	세대
· engage in	~을 하다	· behavior	행동
· activity	행동	· shape	~을 조성하다
· verbal abuse	욕설	· society	사회

번역 TRANSLATION

'VOA 스페셜 잉글리시 교육보고서'시간입니다.
지난주에 발표된 학원폭력 보고서를 보고 많은 분들이 글을 올려주셨습니다. 잠시 몇 가지만 소개해드리겠습니다.
이름과 국적을 밝히지 않으신 어떤 분은 학부모·교사 협회(PTA)에서의 경험담을 이야기했습니다. "저는 PTA 그룹에서도 폭력을 당한 적이 있습니다. 이는 십대만의 문제가 아니라는 얘깁니다. 성인들도 폭행에 가담하고 있는데 대개는 명예를 훼손하거나 피해자를 '왕따'시키려고 허위사실을 유포함으로써 언어폭력을 일삼는 경우가 비일비재합니다. 우리는 차세대의 역할 모델이기에 우리의 처신이 미래 사회를 조성해나갈 것입니다."

STEP 3 발음확인

▶ desc**ribed an**
described와 an이 만나 연음됩니다.

[디스크라이브드] + [언] = [디스크라이브던]

우리나라 말에서 "사람이"와 "밥을"을 "사라미," "바블"이라고 읽는 것과 비슷한 이치입니다.

▶ **abuse**
품사에 따라 발음이 달라지는 단어입니다. 동사는 'se'가 [z](윗니와 아랫니가 만나면서 'ㅈ)이며 명사일 땐 [s]가 됩니다.

{ · abuse   [əbju:z(어뷰즈)]   동사 : 남용하다, 학대하다
  · abuse   [əbju:s(어뷰스)]   명사 : 남용, 학대
                                 (이와 비슷한 예로는 close와 use가 있습니다)

{ · close   [klouz]   명사/동사 : 끝/닫다
  · close   [klous]   형용사/부사 : 가까운/곁에서

{ · use   [ju:s(유스)]   명사 : 사용
  · use   [ju:z(유즈)]   동사 : 사용하다

발음이 달라지는 것이 복잡해보일지는 모르지만 그 차이 덕분에 품사를 구별해서 들을 수 있습니다. 만약 발음이 같다면 말을 알아듣기가 더 어려워질 것입니다.

STEP 4 다시 들으며 따라하기

원어민의 발음을 들으면서 끝까지 따라 읽습니다.

받아쓰기

_____
_____
_____
_____
_____
_____
_____
_____

STEP 2　내용확인

Vicky in Taiwan still remembers being scared by bullies in junior high school. And Jung Kim wrote: Even we Koreans are made fun of by our own. If you're not cool with the popular people you will be laughed at.

Jeanne from Brazil says children should be taught to respect differences. And Kelly in the United States suggested that parents should spend more time with their children: If they are taught to be considerate when they are very young, they will not treat other people in a mean way.

Vocabulary Guide

· scare　　　　　겁주다　　　　· difference　　　차이

· junior high school	중학교	· suggest	주장하다
· make fun of	조롱하다	· considerate	배려하는
· cool	끝내주는, 멋진	· treat	대하다
· respect	존중하다	· mean	짓궂은

번역 TRANSLATION

대만의 비키(Vicky)씨는 중학교 때 불량배들이 겁을 주었던 사실을 지금도 기억하고 있습니다. 그리고 김정(Jung Kim)씨는 이런 글을 남기기도 했습니다. "심지어는 우리 한국인사이에서도 조롱을 당합니다. 인기 연예인이 멋지다고 맞장구를 쳐주지 않으면 놀림거리가 되기 십상이죠."

브라질의 잔(Jeanne)씨는 차이를 존중하는 법을 배워야 한다고 이야기했고, 미국의 켈리(Kelly)는 좀 더 많은 시간을 아이들과 함께 보내야 한다고 주장했습니다. "그들이 아주 어릴 때부터 배려하는 법을 배운다면 상대방을 짓궂게 대하지는 않을 것입니다."

STEP 3 발음확인

▶ **laughed at**

laugh에서 gh는 [f](윗니가 아랫입술을 살짝 걸치면서 '프')로 읽습니다. 과거형 어미 'ed' 는 [d]나 [t] 등으로 발음하는데 그 앞에 어떤 소리가 나느냐에 따라 결정됩니다.
※ 이를테면 [p][k][s][ʃ/(쉬)][tʃ/(취)][f] + ed는 [t]로 발음합니다.

· stopped [스땁트]   · looked [룩트]   · stressed [스트레스트]

· washed [워시트]   · watched [워치트]

· laughed [래프트] ≫≫ laughed와 at을 연이어 발음하면 [래프탯]이 됩니다.

▶ **taught**

teach의 불규칙 과거형인데 gh는 발음하지 않습니다. gh를 '묵음'으로 처리하는 단어로는 bring과 catch의 과거동사인 brought[브롯]과 caught[콧]이 있습니다.

▶ 'gh'를 발음하지 않을 때

- height [하이트] 높이
- plough [플라우] 쟁기
- thorough [써th러우] 완전한
- drought [쥬라우트] 가뭄
- eight [에이트] 여덟

≫ th는 혀를 약간 빼서 윗니 아래에 살짝 대며 읽습니다.

▶ 발음하지 않는 철자가 숨은 단어

- calf [캐프] 송아지, 종아리
- palm [팜] 손바닥
- debt [데트] 빚
- exhibit [이그지비트] 전시하다
- solemn [쌀럼] 엄숙한
- castle [캐슬] 성
- indict [인다이트] 기소하다
- receipt [뤼씨트] 영수증
- heir [에어(r)] 상속인
- should [슈드] 해야 한다
- stalk [스토크] 줄기
- bomber [바멀] 폭격기
- handsome [핸섬] 잘생긴
- knight [나이트] 기사
- aisle [아일] 통로
- wreath [뢰쓰th] 분노
- subtle [써를] 미묘한
- muscle [머슬] 근육
- could [쿠드] 할 수 있다
- might [마잇] 할지 모른다

STEP 4 다시 들으며 따라하기

원어민의 발음을 들으면서 끝까지 따라 읽습니다.

STEP 1 받아쓰기

STEP 2 내용확인

Joruji in Japan called for improving communication among students, parents and teachers. Farshad, an Iranian in the United States, and Selim from France both suggested using psychologists in school to help control the problem.

Some people complained that bullying is not always taken seriously. Commenter Phantuanduong in Vietnam wrote: We as parents and teachers should let children understand that they will be punished if they do wrong, and the punishments won't be only reminders or warnings.

Vocabulary Guide

· improve	향상시키다	· complain	불평하다
· Iranian	이란인(의)	· take + O + seriously	O을 진지하게 생각하다
· both	둘	· punish	처벌하다
· psychologist	심리학자	· do wrong	잘못을 저지르다
· control	억제하다	· reminder	알리는 것

번역 TRANSLATION

일본의 조루지(Joruji)씨는 학생과 부모 및 교사간의 커뮤니케이션 활성화를 주장합니다. 한편, 미국에 정착한 이란인 파샤드(Farshad)씨와 프랑스의 셀림(Selim)씨는 폭력 문제를 억제하는 데 도움이 되려면 학교에 심리학 전공자를 파견해야 한다고 제안했습니다.

몇몇 사람들의 불만은 폭력을 진지하게 생각하지 않는다는 것입니다. 베트남의 논평가 판투안두옹(Phantuanduong)씨는 이렇게 쓰셨습니다. "부모이자 교사인 우리는 잘못을 저지르면 벌을 받는다는 점을 아이들에게 주지시켜야합니다. 체벌이 단순한 지적이나 경고로 끝나서는 안됩니다."

STEP 3 발음확인

▶ an Iranian

an은 대개 [언]으로 발음하지만 가끔 [앤]으로 발음할 때도 있습니다. 본문은 Farshad라는 사람을 좀 더 구체적으로 소개하는 대목입니다. 문맥상 파샤드는 미국에 사는 an Iranian(이란 사람)입니다. 아나운서가 an을 [앤]으로 발음한 데다 둘째 음절에 강세가 붙는 Iranian(이뢔니안)의 특성상 듣기가 쉽지 않았으리라 생각됩니다.

위처럼 강세가 없는 단어와 2음절에 강세가 있는 단어가 함께 오면 소리가 분리되는 현상이 일어납니다. 즉, an과 i가 붙어버리고 'ranian'이 마치 독립적으로 떨어져 나온 듯 들린다는 얘깁니다.

[an+i] + [ranian] = [애니 롸니안]

▶ **complained that**

과거형 어미 ed는 원래 [d(드)]로 읽어야 하지만 that의 'th'와 연음되면서 발음하지 않으므로 문맥상 어떤 시제인지 간파해야 합니다. 육성만으로 과거시제라는 것을 파악하기란 매우 어렵습니다.

[컴플레인드]+[댓]의 발음과정은 이렇습니다.

complain[컴플레인] (컴플레인의 "인"에서 혀끝을 윗니 아래에 살짝 갖다 댄다)

-ed that (ed는 발음하지 않고 지그시 댄 혀를 아래로 빼면서 댓)

STEP 4 다시 들으며 따라하기

원어민의 발음을 들으면서 끝까지 따라 읽습니다.

STEP 1 받아쓰기

STEP 2 내용확인

But not everyone agreed.

Denysenko in Ukraine says what we call bullying is part of the socialization process: Children need to know how to defend oneself, how to establish relationships in a group. If laws or teachers or police will protect a child against "bullying," he or she will never become an independent person.

And several of you expressed sadness at the case of fifteen-year-old Phoebe Prince. Bullying may have led to her suicide. Moneem Alhasee from Libya wrote:

Vocabulary Guide

· what we call	이른바, 소위	· independent	자립하는
· socialization	사회화	· several	몇몇의
· process	과정	· express	표현하다
· defend	방어하다	· sadness	조의
· establish	확립하다	· case	사건
· law	법	· suicide	자살
· protect	보호하다		

번역 TRANSLATION

그러나 모두가 이에 동의한 것은 아닙니다.

우크라이나의 덴셍코(Denysenko)씨는 이른바 '폭력'은 사회화 과정의 일부라고 말합니다. "아이들은 자신을 방어하는 법과 그룹 내에서 대인관계를 유지하는 법을 배워야 합니다. 법이나 교사 혹은 경찰이 '폭력'으로부터 아이를 감싸고돈다면 그는 끝내 자립하지 못할 것입니다."

나이 열다섯인 피비 프린스(Poebe Prince) 사건(미국 매사추세츠 주 노스햄튼의 사우스 해들리 고교 1학년인 피비 프린스가 학교에서 돌아온 뒤 목을 맨 사건)을 두고는 몇몇 분들이 조의를 표했습니다. 학원 폭력이 그녀를 죽음으로 내몰았을지도 모릅니다. 다음은 리비아의 모님 알하시(Moneem Alhasee)가 올려주신 글입니다.

STEP 3 발음확인

▶ **everyone agreed**

앞서 언급했듯이, agreed의 강세가 2음절에 있으므로 one과 a가 붙고 greed가 따로 분리된 듯 들립니다.

[everyone + a] + [greed] = [에브리워너 그리드]

▶ **a child against**
원리는 위와 같습니다. against의 강세가 2음절에 있으므로 child와 'a'가 붙고 'gainst'가 독립된 것처럼 들립니다.

[child + a] + [gainst] = [차일더 겐스트]

STEP 4 다시 들으며 따라하기

원어민의 발음을 들으면서 끝까지 따라 읽습니다.

STEP 1 받아쓰기

_____

STEP 2 내용확인

I'm really astonished how such a beautiful nice girl can do such a thing. She made a mistake when she listened to those who criticized her. They were jealous of her. God bless you, Phoebe Prince.

You can add your own comments on our website voaspecialenglish.com. Next week, learn about a new study of bullies. And that's the VOA Special English Education Report, written by Nancy Steinbach. I'm Steve Ember.

Vocabulary Guide

| · be astonished | 놀라다 | · criticize | 비난하다 |
| · make a mistake | 잘못하다 | · be jealous of | ~을 부러워하다 |

번역 TRANSLATION

"그렇게 아름답고 착한 여학생이 그런 짓을 하다니 정말 놀랐습니다. 친구들이 아이를 헐뜯자 피비는 그만 잘못을 저지르고 말았습니다만 아이들이 그 학생을 질투해서 그랬던 겁니다. 피비 프린스 학생, 명복을 빕니다."

여러분의 의견을 voaspecialenglish.com에 추가하실 수 있습니다. 다음 주에는 폭행에 대한 새로운 연구 결과를 들어보시기 바랍니다. 지금까지 낸시 스타인백이 구성한 'VOA 스페셜 잉글리시 교육보고서'였습니다. 저는 스티브 엠버입니다.

STEP 3 발음확인

▶ **beautiful**

흔히 water를 "워터"가 아니라 "워러"라고 읽는 것과 같은 현상입니다. t를 중간에 두고 양쪽에 모음이 올 때 흔히 t는 [r]처럼 발음합니다.

모음 + t + 모음   ≫   beau + t + i + ful = [뷰리풀]

- butterfly   [버러플라이]
- later   [(을)레이러]
- saturday   [새러데이]
- notify   [노러파이]

> 단 강세는 1음절에 있어야 합니다.
> 예컨대, "retard"는 2음절에 강세가 있으므로 [러라드]가 아니라 [러타드]라고 발음해야 합니다.

riticized + her = [크리터사이즈덜]

▶ **criticized her**

her은 따로 발음할 땐 바람소리(h)가 나지만 앞 단어와 연음될 땐 "h"가 생략됩니다.

▶ **Steinbach**

외래어(유럽에서 유래한 것으로 추정됨)에서 다수 발견되는 ei와 ch는 [ai(아이)]와 [k(크)]로 읽는 경우가 비일비재합니다. 몇 가지 예를 들면 다음과 같습니다.

- Einstein   [아인스타인(아인슈타인)]
- Kevin Klein   [케빈 클라인]
- Christmas   [크리스마스]
- chaos   [케이아스(혼돈)]

▶ **[t] 발음 정리 1**

[t]는 입천장의 볼록한 부분에 혀끝을 가볍게 댔다가 떼면서 냅니다.

1. 모음 + t + 모음이면 [t]는 굴러가는 소리가 난다.
   water [워러(r)], bottle [빠를], item [아이럼], butter [뻐러(r)]

2. [t]는 n과 만나면 그에 동화되어 소리가 죽는다.
   twenty[트워니], dental[데널], international[이너네셔널], continental[커니네널],

3. ~nt로 끝나도 [t]가 소리 나지 않는다.
   important factor [임폴은 팩터(r)], don't say [돈세이], point blank [포인 블랭크], Saint Paul [쎄인 폴]

STEP 4   다시 들으며 따라하기

원어민의 발음을 들으면서 끝까지 따라 읽습니다.

02
EDUCATION
교육 2

02 부모가 학원폭력을 예방하는 데 보탬이 되는 방법

STEP 1 받아쓰기

STEP 2 내용확인

How an Involved Parent Can Help Prevent Bullying

This is the VOA Special English Education Report.

Today we have the last of three reports on bullying. Last week we shared some of your comments on this issue. Now, we talk to a researcher who presented a study this week at the Pediatric Academic Societies meeting in Vancouver, Canada.

Rashmi Shetgiri is a pediatrician at the University of Texas, Southwestern Medical Center and Children's Medical Center Dallas.

Vocabulary Guide

- issue   현안, 문제
- researcher   연구자
- present   발표하다
- pediatric   소아과의
- pediatrician   소아과 의사

번역 TRANSLATION

VOA 스페셜 잉글리시 교육 보고서 시간입니다.

오늘은 학원폭력에 대한 세 가지 기사 중 마지막을 전해드립니다. 지난 주, 저희는 이 문제를 두고 여러분의 의견을 몇 가지 나누었습니다. 그러면 한 전문가를 모시고 이야기를 나눠 보겠습니다. 이분은 이번 주 캐나다 밴쿠버에서 개최된 아동학술회에 참여하여 연구결과를 발표했습니다.

라시미 셰트기리(Rashmi Shetgiri)는 텍사스 대학과 사우스웨스턴 메디컬 센터 및 달라스 아동 메디컬 센터의 소아과 전문의입니다.

STEP 3   발음확인

▶ **presented**

present는 동사와 명사의 철자가 같습니다. 그러므로 소리가 달라야 품사를 구별하는 데 도움이 될 수 있을 것입니다. "명전동후"라고 외우면 암기하기 편리합니다. 즉, 명사는 강세가 앞에 있고(명전) 동사는 뒤에 있다(동후)는 이야기입니다.

{
- present   [prézənt(프레전트)]   형용사/명사: 출석한, 현재의/선물
- present   [prizént(프리젠트)]   동사: 주다, 발표하다
}

▶ **Academic**

그럼 명사와 형용사는 어떻게 강세가 달라지는지 살펴봅시다. 철자가 길어지면 강세는 바로 옆자리로 옮겨갑니다.

{ · economy [ikánəm(이카너미)] 형용사: 경제의
 · economic [ìkənámik(이커나믹)] 동사: 주다, 발표하다

{ · chaos [kéiɑs(케이아스)] 명사: 혼돈
 · chaotic [keiátik(케이아틱)] 형용사: 혼란한

▶ **철자는 같지만 발음에 따라 의미가 달라지는 단어(볼드체는 악센트를 뜻함)**

· bow	[보우]	활	· tear	[티얼]	눈물
	[바우]	인사하다		[테얼]	찢다
· desert	[데저트]	사막	· wind	[윈드]	바람
	[디저트]	버리다		[와인드]	감다
· disgest	[다이제스트]	요약	· live	[리브]	살다
	[다이제스트]	소화하다		[라이브]	살아있는/생방송으로
· excuse	[익스큐스]	구실	· minute	[미니트]	분
	[익스큐즈]	변명		[마이누트]	자세한
· lead	[레드]	납	· subject	[서브직트]	주제
	[리드]	이끌다		[서브젝트]	종속시키다
· object	[아브직트]	물건, 목적			
	[어브젝트]	반대하다			

STEP 4 다시 들으며 따라하기

원어민의 발음을 들으면서 끝까지 따라 읽습니다.

STEP 1 받아쓰기

STEP 2 내용확인

RASHMI SHETGIRI: "(There's) about thirty percent of U.S. children are involved in bullying, and the latest numbers we have is about thirteen percent of them are bullies, eleven percent as victims and then six percent as both bullies and victims."

The new study led by Doctor Shetgiri shows that parents could help prevent bullying by improving communication and involvement with their children. The study identified factors that seem to increase or decrease the risk that a child will be a bully.

Vocabulary Guide

· be involved in	~에 연루되다	· factor	원인
· latest	최근의	· increase	늘리다
· led by	~가 이끄는	· decrease	줄이다
· prevent	예방하다	· risk	위험
· identify	밝혀내다		

번역 TRANSLATION

라시미 셰트기리 : 미국 아동 중 30퍼센트가 학원폭력에 연루돼있습니다. 저희가 입수한 최근 통계수치에 따르면 가해 및 피해아동은 각각 13, 11퍼센트로 집계됐으며 6퍼센트는 가해자인 동시에 피해자인 것으로 나타났습니다.

셰트기리 박사가 이끈 새로운 연구결과에 따르면, 부모는 자녀와의 대화를 비롯하여 함께 하는 시간을 늘림으로써 학원폭력을 예방할 수 있다고 합니다. 박사의 연구는 가해아동이 될 위험률을 늘리거나 줄이는 원인을 밝혔습니다.

STEP 3   발음확인

▶ **latest**

앞서 말했듯이, t의 양 옆에 모음이 오면 t는 [r]과 비슷하게 발음합니다.

모음 + t + 모음 ≫ la + t + est = [(을)레이리스트]

STEP 4   다시 들으며 따라하기

원어민의 발음을 들으면서 끝까지 따라 읽습니다.

STEP 1 받아쓰기

STEP 2 내용확인

RASHMI SHETGIRI: "Children who have emotional or developmental problems or who have mothers who have poor mental health are more likely to be bullies. And then older children and children who live in homes where their primary language is not English, and also children who complete all their homework, are less likely to be bullies."

Another difference: The study found that African-American and Latino children were more likely to be bullies compared to white children.

Vocabulary Guide

- emotional 감성적인
- developmental 발달의
- mental 정신적인
- be likely to ~하기 십상이다
- iprimary 주요한
- complete 끝마치다
- less(little-less-least) 덜 ~한
- latino 남미인
- compared to ~에 비해

번역 TRANSLATION

라시미 셰트기리: 정서나 발달상의 문제가 있거나 혹은 어머니가 정신박약인 아이들은 폭력에 가담할 가능성이 높습니다. 그러나 나이가 더 많고, 영어를 모국어로 쓰지 않는 가정에 사는 아이들 및 숙제를 꼬박꼬박 잘 해가는 아이들은 덜 하죠.

연구에 따르면, 또 다른 차이로는 흑인과 남미 아이들이 백인 아동에 비해 폭행에 가담할 가능성이 더 높다고 합니다.

STEP 3 　 발음확인

▶ white

대개 "화이트"보다는 "와이트"로 발음하는 경우가 더 많습니다만 원어민의 발음 기준에 따라 언제든 달라질 수 있으므로 융통성을 발휘할 수 있어야 합니다.

STEP 4 　 다시 들으며 따라하기

원어민의 발음을 들으면서 끝까지 따라 읽습니다.

STEP 1 받아쓰기

STEP 2 내용확인

For the study, the researchers used the two thousand seven National Survey of Children's Health. Parents of children age ten to seventeen were asked whether their child bullies or is cruel or mean to others.

Not surprisingly, how a parent acts may also influence whether or not a child becomes a bully.

RASHMI SHETGIRI: "We found that parents who frequently get angry with their children and feel that the children often do things that bother them a lot are much more likely to have a child who becomes a bully. And that parents who share ideas with their children and talk with them and who've met most of their child's friends are much less likely to have children who become bullies."

Vocabulary Guide

- age — 나이가 ~세인
- cruel — 잔인한
- surprisinglyt — 놀랍게도
- influence — 영향을 미치다
- whether or not — ~인지 아닌지
- become — ~이 되다
- frequently — 자주
- get angry with — ~에 화를 내다
- bother — 귀찮게 하다
- a lot — 매우

번역 TRANSLATION

연구를 위해 연구자들은 2007 전국 아동건강 설문조사를 활용했습니다. 10~17세 자녀를 둔 부모들은 그들의 아이가 남을 때리거나 괴롭히는지, 혹은 심술이 궂은지 설문조사를 받았습니다.

알다시피, 부모가 어떻게 처신하느냐에 따라서도 자녀가 불량배가 될지, 혹은 그렇지 않을지여부에 영향을 끼칠 것입니다.

라시미 셰트기리: 저희가 알아낸 바에 따르면, 자녀에게 자주 화를 내고, 아이들이 종종 성가신일을 한다고 생각하는 부모들은 불량배가 될 아이를 둘 가능성이 큰 것으로 나타났습니다만, 자녀들과 아이디어를 나누고 그들과 함께 이야기하며, 아이의 친구를 대부분 만난 부모는 그럴 확률이 크게 감소했습니다.

STEP 3 발음확인

▶ **likely to**

각 단어가 떨어져 있지만 t를 중심으로 양측에 모음이 보입니다. 따라서 앞서 언급한 현상을 적용하면 [(을)라이끌리러]가 됩니다. 여기서 "to"를 [투]가 아니라 [터]로 발음해야 하는 까닭은 강세가 없기 때문입니다. 강세가 없는 모음은 소리가 달라질 수 있습니다.

▶ "L"을 발음할 때 '(이)어'가 붙는 이유

예를 들어, "bill"의 발음은 분명 "빌"은 아닌 것 같습니다. 뭔가가 붙는데, 약하게나마 (이)어가 살짝 들립니다. 'r'과 달리 'l'을 발음하려면 혀가 천정에 닿아야 하니 그런 소리가 날 수밖에 없습니다.

- sfilm [퓌엄]
- bill [브얼(빨리 발음)]
- will [위얼]
- compile [컴파이얼]
- detail [디테얼]
- milk [미역]
- help [헤웝]

STEP 4 다시 들으며 따라하기

원어민의 발음을 들으면서 끝까지 따라 읽습니다.

STEP 1　받아쓰기

STEP 2　내용확인

University of Nebraska psychologist Susan Swearer says communication between students and teachers can also reduce bullying. She says studies have shown improvement when students are taught about bullying and respectful behavior. Some programs also try to get people to intervene to stop bullying.

SUSAN SWEARER: "And a lot of these bullying prevention and intervention programs that focus on bystanders have really been shown to be the effective programs because they focus on changing that bystander behavior. So instead of watching bullying take place or joining in with the bullying, these programs teach bystanders how to stand up and be supportive of the kids who are being victimized and to say 'You know we don't do that here, we don't engage in those behaviors.'"

Vocabulary Guide

· reduce	줄이다	· bystander	방관자
· respectful	존중하는	· effective	효과적인
· intervene	개입하다	· take place	벌어지다
· prevention	예방	· be supportive of	~을 돕다
· intervention	개입	· victimize	피해를 주다
· focus on	~에 주안점을 두다		

번역 TRANSLATION

네브래스카 대학의 심리학자 수잔 스웨어러(Susan Swearer)는 사제간의 의사소통 역시 학원폭력을 줄일 수 있다고 말합니다. 그녀는 "연구결과를 보면 학생들이 폭력과 남을 존중하는 태도를 배울 때 효과를 보였다."고 덧붙였습니다. 몇몇 프로그램은 학원폭력을 막으려고 사람을 투입키도 합니다.

수잔 스웨어러: 그리고 방관자에 주안점을 둔, 이처럼 다양한 학원폭력 예방·중재 프로그램은 수수방관하는 행동을 바꾸는 데 집중했기에 효과적인 프로그램이라는 점이 밝혀졌습니다. 따라서 폭력이 벌어지는 데 이를 방관하거나 그에 가담하지 않도록, 이 프로그램들은 '구경꾼'이 소신을 지키고, 피해를 당하고 있는 아이들을 도울 뿐 아니라 "알다시피, 여기서 그런 짓은 하지 않을 것이고 그런 행동은 일삼지 않을 것"이라고 말할 수 있는 비결을 가르칩니다.

STEP 3   발음확인

▶ **intervention** [intərvénʃən] / **supportive** [səpɔ́ːrtiv]

다른 원리가 적용될 것 같지만 사실 법칙은 하나입니다. 대문자로 표시된 부분을 보시면 '모음+자음+t+모음'순이라는 점이 눈에 띕니다. 이럴 경우 t는 앞 자음과 동화되면서 자신은 "스르르" 사라집니다.

이를테면, 'inter-'에서 t는 그 앞의 n의 영향으로 [인터]가 아니라 [이너]가 되어 어물쩍 없어진다는 말입니다.

≫≫ 따라서 supportive에서 '-por(t)ive'는 [포티브]가 아니라 [포리브]가 됩니다.

> intervention [이너벤션]

STEP 4 다시 들으며 따라하기

원어민의 발음을 들으면서 끝까지 따라 읽습니다.

STEP 1 받아쓰기

STEP 2 내용확인

Professor Swearer advises parents and teachers to try to get children to talk to them about being bullied. Otherwise a child could feel hopeless and helpless to do anything about it.

And that's the VOA Special English Education Report, written by Nancy Steinbach. You can find our reports at voaspecialenglish.com or on Facebook at VOA Learning English. I'm Steve Ember.

Vocabulary Guide

- advise — 조언하다
- otherwise — 그렇지 않으면
- hopeless — 희망이 없는
- helpless — 도울 이가 없는

번역 TRANSLATION

스웨어러 교수는 부모와 교사가 불량배에게 피해를 당한 데 대해 솔직히 털어놓을 수 있도록 지도해야 한다고 조언합니다. 그렇지 않으면 아이는 이를 두고 어떤 조치도 취할 수 없어 절망하거나 난감해할 것입니다.

지금까지 낸시 스타인백이 구성한 'VOA 스페셜 잉글리시 교육보고서'였습니다. voaspecial-english.com이나 페이스북의 VOA 러닝 잉글리시에 접속하시면 보도기사를 찾으실 수 있습니다. 저는 스티브 엠버입니다.

STEP 3 발음확인

▶ **written**

특이한 발음이지만 과정을 천천히 연습하면 어렵지 않게 숙달할 수 있습니다.

writt + en

우선 음절을 나눕니다.

writt[륏] ("뤼잇"하면서 혀끝을 앞니 뒤편 잇몸 끝에 살짝 댑니다. 이 상태에서 혀를 움직이면 안 됩니다. 물론 혀를 떼지 않으면 입 밖으로 바람이 나갈 곳이 없어집니다.)

-en(은) (혀는 잇몸에 그대로 붙인 채 바람을 코로 내보내면서 "은"을 연결하면 됩니다.)

그럼 이와 비슷한 예를 발음해봅시다.

- certain [써(r) + 은(혀가 목구멍을 닫으면서 코로 바람을 내보냅니다)] (특정한)
- Clinton [클린 + 은] (클린턴)
- button [벗 + 은] (단추)
- cotton [캇 + 은] (면)
- important [임포(r) + 은]

▶ [t] 발음 정리 2

[t]는 입천장의 볼록한 부분에 혀끝을 가볍게 댔다가 떼면서 냅니다.

4. t~n이면 [tn]은 코로 바람이 빠져나가면서 발음한다.
   important [임폴(r)+은], certain [썰(r)+은], button [벝+은],
   Clinton [클린+은]

5. st~에서 [t]는 된소리로 발음한다.
   stop [스땁], stay [스떼이], stall [스똘], stoop [스뚭]

6. tr~은 첫마디가 "츄"로 시작한다.
   train [츄레인], tree [츄리], try [츄라이], trouble [츄러블]

7. 소리가 나지 않는 t도 있다.
   castle [캐쓸], glisten [글리쓴], fasten [패쓴], listen [리쓴]

STEP 4 다시 들으며 따라하기

원어민의 발음을 들으면서 끝까지 따라 읽습니다.

03
SCIENCE
과학

03 말라리아여, 잘있거라!

STEP 1 받아쓰기

STEP 2 내용확인

Nations Work Toward Aim of Zero Malaria Deaths

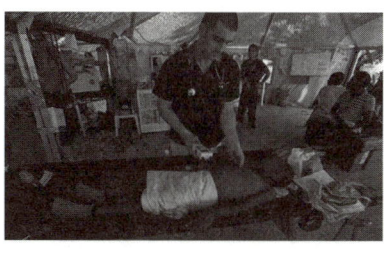

FAITH LAPIDUS: This is SCIENCE IN THE NEWS in VOA Special English. I'm Faith Lapidus.

BOB DOUGHTY: And I'm Bob Doughty. Today we will tell about the disease malaria and efforts to defeat it. Scientists say **progress in medical research could reduce the number and severity of malaria cases worldwide.**

Vocabulary Guide

- toward ~을 향해
- aim 목표
- death 죽음
- disease 질병
- effort 노력
- defeat ~을 극복하다
- progress 발전
- medical 의학의
- research 연구
- severity 병세
- worldwide 세계적으로
- case 발병 건수, 환자 수

번역 TRANSLATION

페이스 래피더스: 여러분은 VOA 스페셜 잉글리시 뉴스속의 과학을 듣고 계십니다. 저는 페이스 래피더스입니다.

밥 도티: 저는 밥 도티입니다. 오늘 저희는 말라리아와 이를 극복하려는 노력을 말씀드리고자 합니다. 과학자들은 의학계의 발전이 전 세계 말라리아 건수와 병세를 줄일 수 있을 것이라고 말합니다.

STEP 3 발음확인

▶ **defeat it**

t양쪽에 모음이 있으므로 t는 [r]로 발음이 약화됩니다. 두 단어는 연음되는 탓에 '모음 + t + 모음'에서 t가 [r]로 읽는다는 법칙이 성립됩니다.

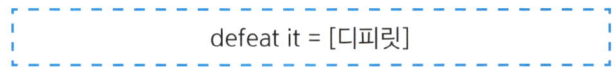

defeat it = [디피릿]

▶ **scientists say**

s가 두 번 겹치므로 하나만 발음합니다. 비슷한 예로 immanuel(히브리어로 '하나님이 우리와 함께 계시다'는 뜻)도 [임마누엘]이 아니라 [이마누엘]로 읽어야 합니다.

그러다보니 "scientist"가 단수인지 복수인지가 애매해집니다만 문법적인 지식을 알고 있다면 (적어도 본문을 두고는) 크게 걱정할 필요는 없습니다. 왜냐하면 "say"가 나왔다는 점으로 미루어 주어는 반드시 복수(scientists)가 될 수밖에 없기 때문입니다. 만일 단수 "scientist"를 썼다면 "says[쎄즈]"라고 읽었을 것입니다.

· summer [써머]   · winner [위너]   · commander [커맨더]

STEP 4 다시 들으며 따라하기

원어민의 발음을 들으면서 끝까지 따라 읽습니다.

STEP 1 받아쓰기

STEP 2 내용확인

FAITH LAPIDUS: World Malaria Day activities are planned in many countries this Sunday. The events will call attention to the disease and international efforts against it.

This is the third year that World Malaria Day has been observed. It is also an important year in the fight against malaria. The international malaria community has set the end of twenty-ten as its target for meeting the first in a series of goals.

One of the goals is to provide protection, medical diagnosis and treatment for every person at risk of malaria. A second goal is for the number of malaria cases and deaths to be reduced by fifty percent or more from the number reported in two thousand.

Vocabulary Guide

· call attention to	주의를 촉구하다	· meet	충족하다
· international	국제적인	· provide	제공하다
· against	~에 대비하여	· protection	보호
· observe	지키다	· diagnosis	진단
· one of the+복수명사	~중 하나	· at risk of malaria	말라리아에 걸린
· community	단체	· 숫자 or more	숫자 이상
· target	목표		

번역 TRANSLATION

페이스 래피더스: 이번주 일요일 많은 국가에서 세계 말라리아의 날 행사가 계획되었습니다. 본 행사는 말라리아와 이를 퇴치하려는 국제사회의 노력을 두고 주의를 촉구할 것입니다.

이번이 세계 말라리아의 날이 지켜진 지 세 번째 되는 해입니다. 또한 올해는 말라리아 퇴치에 매우 중요한 해이기도 합니다. 국제 말라리아 단체가 2010년 말을 일련 목표 중 첫 째를 달성하는 시기로 지정했으니 말입니다.

목표 중 하나는 말라리아에 감염된 모든 환자를 보호하고 진단·치료하는 것이며, 두 번째 목표는 말라리아 환자와 사망자 수를 2000년 당시 보고된 수치의 50퍼센트 이상 감소시키는 것입니다.

STEP 3 발음확인

▶ **an important**

우선 음절을 나눕니다.

impor[임포(r)] ("임포(r)"하면서 혀끝을 목구멍 쪽으로 말아주세요.)

⇩

-tant(은트) ("은"을 발음할 땐 바람이 코로 내보내야 합니다.)

▶ **community**

comm+u+ni+ty로 분해할 수 있습니다. 강세의 위치(2음절)가 중요합니다. 왜냐하면 "ni"에서 "i[이]"는 강세가 없기 때문에 [이]가 약해져 (굳이 밝히자면) [으]와 [어] 사이가 되고 맙니다. 영어음성학에서는 이를 '슈바(schwa, 혹은 슈와)'현상이라고 합니다.

---

* 참고로 '슈바'는 히브리어에서 온 용어입니다. 히브리어는 원래 모음이 없는데 후대 학자들이 성경을 바르게 읽을 수 있도록 각 자음 밑에 모음부호를 붙여두었다고 합니다. 슈바의 모양은 세로로 점 둘을 찍고(:) 발음은 [으]와 [어] 사이로 빨리 읽습니다. 예컨대, 히브리어 두 번째 알파벳 아래 슈바를 찍은 בְּ는 [버]혹은 [브]처럼 들립니다. 발음기호로는 [ə]로 표기합니다. 그리고 t의 양옆이 모음이므로 t는 [r]처럼 들립니다.

---

community = [커뮤너리]

▶ **deaths [데츠]**

th는 무조건 혀를 약간 빼서 윗니 아래에 살짝 대며 읽어야 합니다. 그런데 th와 s는 일일이 발음하려면 [데쓰]+[스]가 되겠지만 이를 합치면 [데츠]로 들립니다. 따라서 months는 [먼츠]라고 읽습니다.

STEP 4   다시 들으며 따라하기

원어민의 발음을 들으면서 끝까지 따라 읽습니다.

STEP 1　받아쓰기

STEP 2　내용확인

BOB DOUGHTY: The World Health Organization estimates that more than three billion people live in areas where malaria is a threat. That represents more than half of the world's population. America's Centers for Disease Control and Prevention says the disease will infect three hundred fifty million to five hundred million people around the world this year. Each year, malaria kills about nine hundred thousand people worldwide. Those surviving are often left brain damaged, blind or with hearing loss.

Vocabulary Guide

· the World Health Organization	세계보건기구(WHO)	· estimate	추정하다
· billion	10억	· threat	위협

· represent	의미하다	· often	종종
· half	절반	· surviving	생존한
· infect	감염시키다	· blind	눈먼
· each year	매년	· hearing loss	청력손실
· be left brain damaged	뇌손상을 입다		

번역 TRANSLATION

밥 도티: 세계보건기구(The World Health Organization)는 30억 명 이상이 말라리아의 위협을 받는 지역에서 거주하고 있다고 추정했습니다. 이는 세계 인구의 절반이 넘는 수치입니다. 미국의 질병통제예방센터(Centers for Disease Control and Prevention)는 올해 전 세계 3억 5천만에서 5억 명이 말라리아에 감염될 것이라고 밝혔습니다. 매년 전 세계의 말라리아 사망자 수는 9억 명 정도 됩니다. (설령) 목숨을 부지했다손 치더라도 뇌에 손상을 입거나 눈이나 귀가 머는 경우도 비일비재합니다.

STEP 3 발음확인

▶ **this year**

앞선 법칙대로 발음한다면 [디시어]라고 읽겠지만 그렇게 들리진 않고 [디쉬어]라고 들립니다. 이렇게 특이한 경우는 그리 많지 않으니 this year의 발음을 통째로 암기하시기 바랍니다.

▶ **those surviving**

[도즈]+[써(r)바이빙]에서 s가 연이어 나오므로 한 번만 발음합니다.
those surviving [도써(r)바이빙("도"는 혀를 윗니에 살짝 댔다가 뒤로 떼면서 발음합니다)]

STEP 4 다시 들으며 따라하기

원어민의 발음을 들으면서 끝까지 따라 읽습니다.

STEP 1 받아쓰기

STEP 2 내용확인

FAITH LAPIDUS: Most cases of malaria are in African countries, south of one of the world's biggest deserts – The Sahara. The World Health Organization says the disease is responsible for one in five childhood deaths there. Malaria kills about two hundred thousand children in Africa every year, an average of one every thirty seconds.

Malaria is also a threat to people living in parts of Asia, Central and South America, the Middle East, and southeastern Europe. People from malaria-free countries who visit areas with high rates of malaria are also very much at risk. This is because their bodies have little or no resistance to the disease

Vocabulary Guide

· be responsible for　　~의 원인이다
· an average of　　　　평균
· southeastern　　　　 남동부의
· malaria-free　　　　말라리아가 없는
· high rates of　　　 ~비율이 높은
· resistance to　　　~에 대한 저항력, 면역력

번역 TRANSLATION

페이스 래피더스: 말라리아는 대개 세계 최대의 사막—사하라—이남지역인 아프리카 국가에서 발병합니다. 세계보건기구에 따르면, 말라리아로 다섯 중 한 아이가 사망한다고 합니다. 말라리아는 매년 아프리카에서 약 20만 아이들의 목숨을 앗아갑니다. 즉, 평균 30초당 한 명이 사망한다는 얘깁니다.

또한 말라리아는 아시아와 중·남미, 중동 및 동남부 유럽의 일부 지역 주민도 위협하고 있습니다. 말라리아가 없는 국가에서 살다가 발병률이 높은 국가를 방문하는 사람들도 감염될 공산이 매우 큽니다. 그들의 신체에는 병원체에 대한 저항력이 거의 없거나 아주 없기 때문입니다.

STEP 3　발음확인

▶ **thirty** [θə́ːrti]

'모음+자음+t+모음'에서 t는 앞 자음에 '밀려' 탈락되고 맙니다.
thirty [써리("써"는 혀를 윗니에 살짝 댔다가 뒤로 떼면서 발음합니다)]

▶ **little** [lítl]

'모음+t+l+모음'에서도 t가 약화되어 [r]처럼 읽습니다.

　　· little [(을)리를]　　　· battle [빼를]　　　· title [타이를]]

▶ **those surviving**

[도즈]+[써(r)바이빙]에서 s가 연이어 나오므로 한 번만 발음합니다.
those surviving [도써(r)바이빙("도"는 혀를 윗니에 살짝 댔다가 뒤로 떼면서 발음합니다)]

STEP 4   다시 들으며 따라하기

원어민의 발음을 들으면서 끝까지 따라 읽습니다.

STEP 1 받아쓰기

STEP 2 내용확인

BOB DOUGHTY: The cause of malaria is a parasite called Plasmodium. Mosquitoes infected with Plasmodium spread the disease to human beings through mosquito bites. The parasites reproduce in the human liver, and then infect the red blood cells. After they enter the blood cells, they reproduce again. As they do this, they destroy the cells.

Signs of the disease appear in victims ten to fifteen days after they are bitten. People with malaria develop a high body temperature. They also can become weak, expel material from the stomach, and suffer pain in the head or muscles. If not treated, malaria can make the victim very sick and even cause death.

Vocabulary Guide

· cause	원인	· destroy	죽이다
· parasite	기생충	· sign	징후, 증세
· mosquito	모기	· bite-bit-bitten	물다
· infected with	~에 감염된	· temperature	온도
· human beings	사람	· weak	무기력한
· through	~을 통해	· expel A from B	B로부터 A를 내몰다
· bite	깨무는 것	· stomach	위
· reproduce	번식하다	· suffer pain	통증을 느끼다
· liver	간	· muscle	근육
· red blood cell	적혈구		

번역 TRANSLATION

밥 도티: 말라리아의 원인은 '말라리아 병원충(Plasmodium)'으로 불리는 기생충입니다. 병원충에 감염된 모기가 물면 말라리아가 사람에게 감염됩니다. 그러면 기생충은 간에서 번식하여 적혈구를 감염시킵니다. 그들은 혈구에 들어간 후 또다시 번식하고, 그러면서 혈구를 파괴합니다.

그들이 (모기에) 물린 뒤 10~15일쯤 지나면 말라리아 증상이 환자에게 나타납니다. 말라리아에 감염된 사람들은 체온이 높아집니다. 그리고 기력이 쇠약해지고 구토와 두통 및 근육통을 겪기도 합니다. 말라리아는 치료하지 않으면 병세가 악화되어 급기야는 환자가 사망할 수도 있습니다.

STEP 3   발음확인

▶ **reproduce again**
again의 강세가 2음절에 있으므로 'ce'와 'a'가 붙고 나서 gain을 발음합니다.

reproduce again [리프러듀써] + [겐]

▶ **bitten**

앞서 살펴본 예를 복습하고 나서 bitten을 발음해봅시다.

· Clinton   · button   · cotton   · important

bitt[빗]
("빗," 혀끝을 앞니 뒤편 잇몸 끝에 살짝 댑니다. 이 상태에서 혀를 움직이면 안 됩니다.)

bitten [빗은]
-en(은) (혀는 잇몸에 그대로 붙인 채 바람을 코로 내보내면서 "은"을 연결하면 됩니다.)

▶ **treated**

t와 r이 만나면 [tʃ(취)]처럼 들리고 t 양 옆에 모음이 있으므로 t는 [r]처럼 읽습니다.

· tree [츄리(나무)]   · try [츄라이(노력하다)]
· train [츄레인(기차)]   · truck [츄럭(트럭)]
· trait [츄레잇(특징)]

STEP 4 다시 들으며 따라하기

원어민의 발음을 들으면서 끝까지 따라 읽습니다.

STEP 1 받아쓰기

STEP 2 내용확인

FAITH LAPIDUS: Late last year, researchers in the United States met to discuss developments in malaria research. One sign of hope is a new way to make the natural defenses of mosquitoes resistant to the Plasmodium parasite.

George Dimopoulos is an associate professor at the Johns Hopkins Malaria Research Institute. His team used a method called transient gene silencing to change the genetic structure of the three mosquito species responsible for spreading malaria. The genetic changes cause the bodies of the insects to attack the Plasmodium parasite, blocking its development

Vocabulary Guide

· late	늦게	· gene	유전자
· discuss	논의하다	· genetic	유전자의
· development	진전상황	· structure	구조
· defense	방어	· species	종
· associate professor	부교수	· insect	곤충
· method	방법	· attack	공격하다
· called	~라고 불리는 (이름을 소개할 때 붙이는 말)	· block	막다
· transient	순간적인		

번역 TRANSLATION

페이스 래피더스: 작년 말, 미국 연구자들은 말라리아 연구의 진전을 논의하기 위해 모였습니다. 한 가지 희망의 징후는 모기의 선천적 방어체계를 말라리아 병원충에 저항할 수 있도록 만드는 신기술입니다.

조지 디모풀로스(George Dimopoulos)는 존스 홉킨스 말라리아 연구재단(the Johns Hopkins Malaria Research Institute)의 부교수입니다. 그의 팀은 말라리아를 퍼뜨리는 세 종류의 모기 유전자 구조를 바꾸려고 '순간 유전자 사일런싱(transient gene silencing)'이라는 기술을 적용했습니다. 유전자의 변화로 곤충의 몸은 병원충을 공격하여 그의 성장을 막습니다.

STEP 3 발음확인

▶ **genetic**

ge + ne + tic에서 강세는 2음절에 있으며 t 의 양측에 모음이 있으므로 [r]처럼 발음합니다.

genetic[지네릭]

▶ **mosquito**

q[k]가 된소리 나는 경우입니다. 즉, 모스키토가 아니라 "모스끼로(t는 양측의 모음에 의해 [r]로 읽습니다.)"로 발음한다는 얘깁니다. 's+자음[t/k/p/q]+모음'이 만나 된소리가 되는 예는 다음과 같습니다

· style [스따일]
· sky [스까이]
· spain [스빼인]
· squad [스꿧(분대)]

STEP 4 다시 들으며 따라하기

원어민의 발음을 들으면서 끝까지 따라 읽습니다.

STEP 1 받아쓰기

STEP 2 내용확인

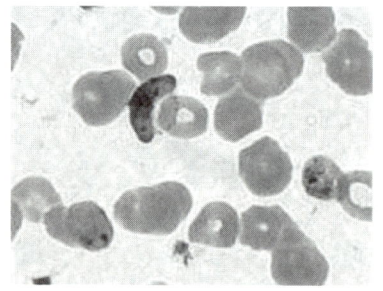

BOB DOUGHTY: Gregory Glass is a professor with the John Hopkins Bloomberg School of Public Health. His team used satellite imaging to observe mosquito populations in Africa. The closer one lives to places where mosquitoes reproduce, the greater the risk of getting malaria.

Professor Glass says the satellite imaging helps researchers identify which areas face the greatest risk. He says it also shows where to send much-needed medicines, insecticide products and protective mosquito nets.

Vocabulary Guide

· satellite	위성	· medicine	약
· observe	관찰하다	· insecticide	살충제
· population	개체수	· product	제품
· identify	규명하다	· protective	보호의
· face	직면하다	· net	그물
· much-needed	매우 필요한		

번역 TRANSLATION

밥 도티: 그레고리 글래스(Gregory Glass)는 존스 홉킨스 블룸버그 공공보건 대학원 교수입니다. 그의 팀은 아프리카의 모기 개체군을 관찰하기 위해 위성 촬영을 실시했습니다. 모기의 번식지와 가까운 곳에 살수록 말라리아에 감염될 확률은 더 커집니다.

글래스 교수에 따르면, 위성 촬영은 연구진이 최대 피해 지역을 알아내는 데 보탬이 되었다고 합니다. 뿐만 아니라 절실히 필요한 의약품과 살충제 및 모기장을 어디에 보낼지도 보여준다고 그는 덧붙였습니다.

STEP 3 발음확인

▶ **used**

동사일 땐 [유즈드]로, 형용사일 땐 [유스트]로 발음합니다. 본문의 "used"는 위성이미지를 "사용한다."고 했으므로 동사 [유즈드]입니다.

· abuse	[əbjúːz(어뷰즈)]	동사 : 남용하다, 학대하다
· abuse	[əbjúːs(어뷰스)]	명사 : 남용, 학대
· close	[klouz]	명사/동사: 끝/닫다
· close	[klous]	형용사/부사: 가까운/곁에서

▶ **Glass says**

[글래쎄즈] s는 한번만 발음하며 glass와 says를 연이어 읽습니다.

STEP 4 다시 들으며 따라하기

원어민의 발음을 들으면서 끝까지 따라 읽습니다.

STEP 1 받아쓰기

STEP 2 내용확인

FAITH LAPIDUS: The Malaria Institute at Macha in southern Zambia is a living laboratory for the study of mosquito and human behavior. There, researchers are developing a test that uses human saliva instead of blood to find those infected with malaria. The researchers say the test will make it easier to identify and contain the disease, especially in children. It would also be helpful in areas like southern Africa, where people often do not show signs of the disease.

Vocabulary Guide

- laboratory   연구소
- behavior   행동
- saliva   타액, 침
- instead of   ~대신
- blood   피
- contain   억제하다

번역 TRANSLATION

페이스 래피더스: 남잠비아의 마차(Macha)소재 말라리아 협회는 모기와 인간의 행태를 연구하기 위해 발 빠르게 움직이는(living) 연구소입니다. 여기서 연구진은 혈액 대신 침을 이용하여 말라리아 감염자를 찾아내는 시약을 개발하고 있습니다. 연구자들은 이 시약으로 특히 아동의 질병을 진단하고 억제하기가 더 쉬워질 거라고 말합니다. 이는 사람들이 종종 증세를 보이지 않는 지역(이를테면 남아프리카)에서도 도움이 될 것입니다.

STEP 3 발음확인

▶ **southern** [sʌ́ðəːrn] **[써던]**

south[싸우쓰("th"는 항상 혀를 윗니에 대고 발음해야 합니다)]의 형용사형으로 south의 [싸우]가 [써]로 짧아집니다.

▶ **where**

영문을 읽을 때는 강세에 유의해야 하는데 "where"는 관계부사로 악센트가 없습니다. 게다가 재빨리 발음할 때가 많아 청취자가 놓치기 십상입니다. [웨어(r)]이라고 친절하게 읽는 경우는 거의 없다는 말입니다. 따라서 청자는 '장소'가 들리면 이를 구체적으로 설명해주기 위해 붙이는 "where"를 기다릴 줄 알아야 합니다. 그렇다면 악센트를 넣어야 하는 '내용어'에는 어떤 품사가 있을까요?

> 명동형부의지(명동에 사는 형부를 의지하자)

명사/동사(be동사는 제외)/형용사/부사/의문사/지시사는 대개 강하게 읽는데 관계부사는 접속사의 기능이 강하므로 내용어에는 해당되지 않습니다. 이를 바탕으로 다음 문장에 악센트를 넣어봅시다.

Researchers have been **working** to **develop** a **vaccine** against **malaria**.
    명사   동사   형용사   동사   명사   명사

▶ 국가 및 지역을 일컫는 고유명사의 발음(볼드체는 악센트를 뜻함)

- Asia   아시아   [에이셔]
- Siberia   시베리아   [싸이비어리아]
- Iraq   이라크   [이뢐]
- Jordan   요르단   [죠(r)던]
- Alps   알프스   [에읍스]
- Belgium   벨기에   [벨쥐엄]

- Italy   이탈리아   [이를리]
- Sweden   스웨덴   [스위든]
- Zaire   자이레   [자이어(r)]
- Chile   칠레   [췰리]
- Haiti   아이티   [헤이리]

▶ 도시를 일컫는 고유명사의 발음

- Atlanta   애틀랜타   [앳(을)래너]
- Athens   아테네   [애씬(th)즈]
- Bangkok   방콕   [뱅캌]
- Berlin   베를린   [벌린]
- Milan   밀라노   [밀랜]
- Minneapolis   미니애폴리스 [미니애뻘리스]

- Moscow   모스크바   [마스꼬우]
- Munich   뮌헨   [뮤닉]
- San Jose   산호세   [쌘 오우제이]
- Stockholm   스톡홀름   [스딱홈]
- Vatican   바티칸   [배러컨]

STEP 4   다시 들으며 따라하기

원어민의 발음을 들으면서 끝까지 따라 읽습니다.

STEP 1	받아쓰기

STEP 2	내용확인

BOB DOUGHTY: For years, researchers have been working to develop a vaccine against malaria. Those efforts have greatly increased in recent years. There are now more than fifty experimental vaccines in existence.

The world's largest malaria vaccine study began last year in seven African countries. It is the result of more than twenty years of research and ten years of clinical testing. The study is to involve up to sixteen thousand children. They live in Burkina Faso, Gabon, Ghana, Kenya, Malawi, Mozambique and Tanzania.

GlaxoSmithKline Biologicals developed the vaccine, known as RTS,S. It is the first malaria vaccine candidate to have large success during early testing. It is also the first vaccine designed mainly for use in Africa.

Vocabulary Guide

· vaccine against	~에 대한 백신	· involve	~을 포함시키다
· recent	최근의	· known as = called	
· experimental	실험의	· candidate	후보
· in existence	존재하는	· designed	계획된
· result	결과	· mainly	주로
· clinical testing	임상시험		

번역 TRANSLATION

밥 도티: 수년 간 연구진은 말라리아 백신을 개발하기 위해 노력해왔으며, 그런 노력들은 최근 크게 증가했습니다. 현재 임상시험을 거친 백신은 50여 개 남짓 됩니다.

전 세계 최대 규모의 말라리아 백신 연구는 작년 아프리카 7개국에서 실시되었습니다. 이는 20여년의 연구와 10여년의 임상시험이 만들어낸 결과입니다. 연구는 최대 1,6000명의 아동을 대상으로 진행 중입니다. 그들은 부르키나 파소(Burkina Faso)와 가봉, 가나, 케냐, 말라위, 모잠비크 및 탄자니아에 살고 있습니다.

글락소스미스클라인 바이올라지컬스(GlaxoSmithKline Biologicals)는 RTS.S로 알려진 백신을 개발했습니다. RTS.S는 임상시험 초기에 큰 성과를 거둔 말라리아 백신 후보 1호로, 최초의 아프리카 전용 백신이기도 합니다.

STEP 3 발음확인

▶ **greatly**
  우선 great + ly로 분해합니다.

> great [그레잇]에서 혀끝은 앞니 뒤편 잇몸에 살짝 댑니다
>
>
>
> ly [(을)리] 이때 혀는 "리"를 발음할 때 떼야 합니다("을"도 가만히 댄 채 소리 냅니다). 그러지 않으면 "그레이틀리"가 될 것입니다.

▶ **increased**

과거형 어미 'ed'는 [d]나 [t] 등으로 발음하는데 그 앞에 어떤 소리가 나느냐에 따라 결정됩니다. 이를테면 [p][k][s][ʃ/(쉬)][tʃ/(취)][f] + ed는 [t]로 발음합니다. 그러면 앞서 공부했던 사례를 다시 연습해봅시다.

- stopped [스땁트]
- looked [룩트]
- stressed [스트레스트]
- increased [인크리스트]

- washed [워시트]
- watched [워치트]
- laughed [래프트]

STEP 4 다시 들으며 따라하기

원어민의 발음을 들으면서 끝까지 따라 읽습니다.

STEP 1 받아쓰기

STEP 2 내용확인

FAITH LAPIDUS: A recent study showed that RTS,S reduced clinical cases of malaria by fifty-three percent over an eight month follow-up period. In another study, the vaccine was effective in reducing clinical malaria by thirty-five percent. It also reduced cases of severe malaria by forty-nine percent.

Two weeks ago, a Dutch drug-maker, Crucell, announced it will work with GlaxoSmithKline to jointly develop a new malaria vaccine candidate. The vaccine candidate is to be made from two drugs the companies are developing separately. Crucell says studies have shown the drugs may work better when combined than they do independently.

Vocabulary Guide

· reduce	줄이다	· announce	발표하다
· follow-up	후속조치	· jointly	합작으로
· effective	효과적인	· separately	각각 따로
· Dutch	네덜란드의	· independently	개별적으로
· drug-maker 　= pharmaceutical	제약회사	· combine	결합하다

번역 TRANSLATION

페이스 래피더스: 최근 연구에 따르면, RTS.S는 조치 후 8개월에 걸쳐 말라리아의 임상 환자 수를 53퍼센트 감소시킨 것으로 나타났습니다. 또 다른 연구는 이 백신이 말라리아를 35퍼센트 줄이는 데 효과가 있으며 위중한 말라리아 환자 수를 49퍼센트 감소시켰다고 밝혔습니다.

2주 전 네덜란드 제약회사 크루셀(Crucell)은 글락소스미스클라인과 함께 신규 말라리아 후보 백신을 공동개발할 예정이라고 발표했습니다. 이 백신은 각 회사가 개발 중 인 두 약품으로 제조될 것입니다. 크루셀은 "연구 결과에 따르면, 따로 처방했을 때보다 둘이 결합될 때 효과가 더 높은 것으로 나타났다."고 밝혔습니다.

STEP 3　발음확인

▶ **effective** [iféktiv]

e + ffec + tive >> effective [어펙띠브]

강세는 2음절에 있으므로 [이]는 슈바현상에 의해 [으]나 [어]로 약화됩니다.

▶ **separately**

separate + ly로 분해합니다.

separate [그레잇]에서 혀끝은 앞니 뒤편 잇몸에 살짝 댑니다.

-ly [(을)리] 이때 혀는 "리"를 발음할 때 떼야 합니다("을"도 가만히 댄 채 소리 냅니다).

separately [쎄퍼릿(을)리]

STEP 4 다시 들으며 따라하기

원어민의 발음을 들으면서 끝까지 따라 읽습니다.

STEP 1 받아쓰기

STEP 2 내용확인

BOB DOUGHTY: Last year, another drug company, Sanaria, won a Vaccine Industry Excellence Award for Best Early Stage Vaccine for its malaria vaccine. The Sanaria vaccine is unlike other malaria vaccines being developed. It is a live vaccine, made of a weakened version of the whole malaria parasite.

Scientists at Sanaria use non-malaria carrying mosquitoes to develop their vaccine. They feed the insects blood containing the malaria parasite. They then use radiation to weaken the parasite, which is then harvested for the vaccine.

In an earlier study, the scientists at Sanaria used live mosquitoes to deliver the vaccine. Thirteen of fourteen volunteers were completely protected against malaria after receiving the vaccine. They also remained protected for at least ten months. Sanaria is now preparing to ask the United States Food and Drug Administration for approval to begin federal testing of the vaccine.

Vocabulary Guide

· unlike	~과 다른	· completely	완전히
· live vaccine	생백신	· receive	받다
· weakened	약화된	· remain	여전히 ~이다
· whole	전체의	· at least	적어도
· carrying	옮기는	· prepare to+동사원형	~하려고 준비하다
· radiation	방사선	· approval	승인
· harvest	수확하다	· federal	연방의
· deliver	추출하다	· Food and Drug Administration	식품의약국(FDA)

번역 TRANSLATION

밥 도티: 작년 또 다른 제약회사 사나리아(Sanaria)는 말라리아 초기 단계 베스트 백신부문의 백신 업계 최우수상(a Vaccine Industry Excellence Award)을 수상했습니다. 사나리아 백신은 개발 중인 다른 말라리아 백신과는 다릅니다. 전체 말라리아 기생충 중에서 쇠약해진 것으로 제조한 생백신(live vaccine)입니다.

사나리아 연구진은 백신을 개발하기 위해 미보균 모기를 활용합니다. 그들은 말라리아 기생충을 담은 혈액을 모기에게 먹입니다. 그러고는 방사선을 사용하면 기생충은 약화되어 백신으로 쓸 수 있습니다.

앞선 연구에서 사나리아 연구진은 백신을 추출하기 위해 산 모기를 이용했습니다. 임상시험 지원자 14명 중 13명이 백신을 투여한 후 말라리아로부터 완전히 보호되었을 뿐 아니라 최소 10개월간은 말라리아가 재발하지 않았습니다. 사나리아는 현재 연방 당국의 임상시험을 개시할 수 있도록 미국 식품의약국에 승인을 요청할 계획입니다.

STEP 3 발음확인

▶ live
동사나 형용사(부사)에 따라 발음이 달라지는 또 다른 사례입니다. live는 동사면 [(을)리브]고 형용사나 부사면 [라이브]라고 읽습니다.

{
- live   [liv]   동사: 살다
- live   [laiv]   형용사: 살아있는
                    부사: 생방송으로, 살아서
}

▶ scientists at
ts와 at가 연음되어 [싸이언티스츠]+[앳] = [싸이언티스챗]이 됩니다.

STEP 4 다시 들으며 따라하기

원어민의 발음을 들으면서 끝까지 따라 읽습니다.

STEP 1　받아쓰기

STEP 2　내용확인

FAITH LAPIDUS: For now, the main effort to control malaria involves treatment of bed nets and indoor living areas with insecticides -- products used to kill insects.

The World Health Organization says insecticide use has greatly reduced the number of malaria cases. The W.H.O. says insecticide-treated bed nets have been shown to reduce the number of malaria cases by fifty percent and the infection rate by ninety percent.

The United Nations agency released its World Malaria Report in December. The report said home ownership of insecticide-treated nets had reached fifty percent in thirteen of the thirty-five African countries with the highest cases of malaria. It also said more than one third of all countries at risk of malaria reported a drop in cases of more than fifty percent.

Vocabulary Guide

· main effort	주된 노력	· release	발표하다
· control	박멸하다	· December	12월
· insecticide-treated	살충제 처리한	· ownership	소유권
· infection rate	감염률	· reach	이르다
· the United Nations	유엔	· drop	하락
· agency	기구		

번역 TRANSLATION

페이스 래피더스: 현재, 말라리아 퇴치를 위한 주요 노력의 일환으로 (당국은) 침대 모기장과 실내 주거공간에 살충제(곤충을 죽이는 데 쓰이는 제품으로)를 분사하고 있습니다.

세계보건기구는 살충제 사용이 말라리아 발병 건수를 크게 줄였다고 말합니다. 당국에 따르면, 살충처리한 모기장 덕택에 말라리아 환자와 감염률이 각각 50과 90퍼센트 감소했다고 합니다.

유엔기구(세계보건기구)는 지난 12월 세계 말라리아 보고서를 발표했습니다. 보고서에 따르면, 살충처리한 모기장을 보유한 가정은 말라리아가 가장 많이 발생하는 아프리카 35개국 중 13개 국가에서 50퍼센트를 기록했다고 하며 말라리아 발생 국가의 3분의 1남짓 되는 곳의 발병 건수는 50퍼센트 이상 감소했다고 당국은 덧붙였습니다.

STEP 3 발음확인

▶ **has greatly reduced the**

great + ly와 reduced + the

전에 학습했듯이, t로 끝나면 윗니의 잇몸에 붙은 혀가 "리"를 발음하기까지 떼서는 안 되고, 과거분사형인 reduced의 ed는 [ㅌ]에 가까우므로 the와 소리가 합쳐진다는 점이 중요합니다.

great [그레잇](혀를 잇몸에 댄 채로)

-ly [(을)리] ("리"에서 뗍니다)

reduced + the [리듀스더]
(이때 "더"는 혀를 윗니에 살짝 댔다가 떼면서 발음합니다.)

▶ **ninety**
[t]가 약화되어 [나이니]나 [나인디]로 읽습니다. 이와 비슷한 예로, twenty는 [트워니]나 [트원디]로 발음합니다.

STEP 4   다시 들으며 따라하기

원어민의 발음을 들으면서 끝까지 따라 읽습니다.

| STEP 1 | 받아쓰기 |

| STEP 2 | 내용확인 |

BOB DOUGHTY: Early identification and drug treatment of malaria can reduce the severity of the disease and prevent death. The anti-malarial drug Chloroquine was widely used until recent years when the malaria parasite became resistant to the drug. Now, the World Health Organization advises use of Artemisinin-based combination treatments, or ACTs, for malaria patients.

The W.H.O. says the international community is now in a position to defeat malaria. It says that, with the use of insecticides, better testing and drug treatments, the world could reach its goal of zero malaria deaths by twenty fifteen. Still, it says, there is an immediate need for the international community to continue and increase its investment in the fight against malaria.

FAITH LAPIDUS: This SCIENCE IN THE NEWS was written by June Simms. Our producer was Mario Ritter. I'm Faith Lapidus.

BOB DOUGHTY: And I'm Bob Doughty. Listen again next week for more news about science, in Special English, on the Voice of America.

Vocabulary Guide

· identification	규명	· combination	복합
· anti-malarial	말라리아를 예방하는	· in a position to	~입장이다
· severity	병세의 정도	· defeat	~을 억제하다
· widely	널리	· investment in	~에 투자
· patient	환자		

번역 TRANSLATION

밥 도티: 말라리아를 일찍 발견하고 약물로 치료해야 병세를 낮추고 사망을 예방할 수 있습니다. 말라리아 예방약인 클로로퀸(Chloroquine)은 말라리아 기생충에 내성이 생긴 최근 몇 년까지 널리 이용되었습니다. 현재 세계보건기구는 말라리아 환자들을 위해 ACTs라는 아르테미시닌계(Artemisinin-based) 복합치료제 사용을 권합니다.

세계보건기구에 따르면, 지금 국제사회는 말라리아를 퇴치하는 데 유리한 지점에 있다고 합니다. 살충제와 더 나은 임상시험 및 약물치료를 이용한다면, 전 세계는 "2015년까지 말라리아 사망률을 0으로 줄이겠다."는 목표를 달성할 수 있을 거라고 당국은 말합니다. 그러나 국제사회가 말라리아 퇴치활동에 계속 투자하고 이를 늘리는 것이 급선무라고 기구는 덧붙였습니다.

페이스 래피더스: '뉴스속의 과학'은 구성 준 심스(June Simms), 연출 마리오 리터(Mario Ritter), 저는 페이스 래피더스입니다.

밥 도티: 저는 밥 도티입니다. 다음 주에도 VOA 스페셜 잉글리시에서 과학에 대한 소식을 들으시기 바랍니다.

STEP 3 발음확인

▶ **fifteen**

fifty와 fifteen은 강세의 위치가 다르다는 점이 중요합니다.

- fif+ty [피프티(50)]
- fif+teen [피프틴(15)]
- sixty [씩스티(60)]
- sixteen [씩스틴(16)]

▶ **발음할 때 주의해야 할 단어(볼드체는 강세표시)**

· ache	[에이크]	통증	· decease	[디씨스]	사망
· ancient	[에인션(트)]	고대의	· depot	[디포우]	창고
· blood	[블러드]	피	· gauge	[게이지]	측정하다
· flood	[플러드]	홍수	· heir	[에어(r)]	상속인
· bomber	[바머(r)]	폭격기	· indict	[인다이트]	기소하다
· bosom	[부점]	가슴	· leisure	[리이줘]	여가
· bowl	[보울]	사발	· leopard	[레퍼(r)드]	표범
· breath	[브레쓰(th)]	호흡	· mustache	[머스태쉬]	콧수염
· breathe	[브리드(th)]	호흡하다	· naked	[네이키드]	벌거벗은
· bury	[베리]	매장하다	· wicked	[위키드]	사악한
· career	[커리어]	경력	· shepherd	[쉐뻐(r)드]	목자
· cleanse	[클렌즈]	세척하다	(ph가 [f]가 아니라 [p]로 발음해야 한다)		
· colonel	[커널]	대령	· steak	[스떼이크]	스테이크
· comb	[코움]	빗다	· stomach	[스떠미크]	위
· corps	[코어(r)]	부대	· tongue	[텅]	혀
(ps는 발음하지 않는다)					

STEP 4 다시 들으며 따라하기

원어민의 발음을 들으면서 끝까지 따라 읽습니다.

04
DEVELOPMENT
개발

04 디지털 격차

> **STEP 1** 받아쓰기

> **STEP 2** 내용확인

Computers, Children and the Digital Divide

This is the VOA Special English Development Report.

Market researchers estimate that more than one billion personal computers are in use worldwide. Availability has improved in developing countries, but still remains limited compared to industrialized nations. Experts continue to debate how best to close this digital divide.

Nicholas Negroponte established the One Laptop Per Child project in two thousand five. He would like to put a low-cost laptop in the hands of every child, especially those living in extreme poverty. His nonprofit organization has shipped its specially designed laptop to developing countries around the world.

Vocabulary Guide

· digital divide	디지털 격차	· debate	논쟁하다
· estimate	추정하다	· low-cost	저렴한
· in use	사용 중인	· laptop	노트북
· availability	이용도	· extreme	극도의
· developing country	개발도상국	· poverty	빈곤
· remain	여전히 ~이다	· nonprofit	비영리
· industrialized nation	산업국가(선진국)	· ship A to B	A를 B에 보내다
· compared to	~에 비해	· specially designed	특수설계된
· limited	제한된		

번역 TRANSLATION

VOA 스페셜 잉글리시 개발 리포트 시간입니다.

시장 연구자들의 추산에 따르면, 전 세계에서 사용되고 있는 개인용 컴퓨터는 약 10억 대 남짓 된다고 합니다. 개발도상국의 활용도도 향상되었으나 선진국에 비하면 여전히 한계가 있습니다. 전문가들은 이런 디지털 격차를 해소할 수 있는 최선의 방안을 두고 계속 논쟁을 벌이고 있습니다.

니콜라스 니그로폰테(Nicholas Negroponte)는 2005년 'OLPC(One Laptop Per Child, 어린이 한 명 당 노트북 한 대)' 프로젝트를 확립했습니다. 그는 저렴한 노트북을, 특히 극도로 빈궁하게 살고 있는 모든 아이의 손에 건네고 싶어 했습니다. 그의 비영리조직은 특수 설계한 노트북을 전 세계 개도국으로 보냈습니다.

STEP 3 발음확인

▶ **has improved**

improve의 강세가 2음절에 있으므로 has와 im이 만나고 proved는 마치 독립적인 소리처럼 들립니다. (has+im)+(proved)

> has improved [해짐] + [프루브드]

▶ **close**

앞서 학습했듯이, close는 품사에 따라 발음이 달라지는 단어입니다.

{
- close   [klouz]   명사/동사: 끝/닫다
- close   [klous]   형용사/부사: 가까운/곁에서
}

STEP 4 다시 듣으며 따라하기

원어민의 발음을 들으면서 끝까지 따라 읽습니다.

| STEP 1 | 받아쓰기 |

_____

_____

_____

_____

_____

_____

_____

_____

| STEP 2 | 내용확인 |

NICHOLAS NEGROPONTE: "It is already in the hands of 1.2 million children, in 31 countries, 19 languages. And one country, Uruguay, has just completed doing every single child in the country."

But the program has critics. They say trying to supply every child with a laptop, even at the current price of one hundred sixty dollars, is costly and inefficient.

Stephen Dukker also makes low-cost computers. But his can run programs and applications for several students at once. He says these "virtual desktops" lower costs, reduce energy use and lessen the need for technical support. His company NComputing says it has set up over forty thousand networks in more than one hundred countries.

Vocabulary Guide

- complete 완수하다
- critic 비판론자
- supply A with B A에게 B를 공급하다
- current 현행의
- price 가격
- costly 비싼
- inefficient 효과가 없는
- run 가동시키다
- application 응용프로그램, 애플리케이션
- at once 동시에
- virtual 가상의
- desktop 데스크톱 컴퓨터
- lessen 줄이다
- support 기술지원

번역 TRANSLATION

니콜라스 니그로폰테: (노트북 컴퓨터는) 이미 19개 언어를 쓰는, 31개국의 120만 아이들의 손에 있을 것입니다. 그리고 우루과이는 국내의 각 아동을 대상으로 이제 막 분배가 끝났습니다.

그러나 혹자는 이 프로그램을 비난합니다. 그들은 현재가인 160달러로 각 아이들에게 노트북을 제공한다면 비용도 만만치 않을 뿐 아니라 효과도 없을 거라고 말합니다.

스티븐 더커(Stephen Dukker)도 저가 컴퓨터를 제조하고 있습니다. 그러나 그의 컴퓨터는 몇몇 학생들을 위한 프로그램과 애플리케이션을 동시에 가동시킬 수 있습니다. 그는 '가상 데스크톱'이 비용과 에너지 사용량을 줄이고 기술지원의 필요성을 감소시킨다고 밝혔습니다. 그의 회사인 엔컴퓨팅(NComputing)은 100개 국가에 약 4만개의 네트워크를 설치했다고 합니다.

STEP 3 발음확인

▶ **already**

[l]과 [r]은 한국인이 어려워하는 발음입니다. 우선 [l]은 "에"를 발음하면서 혀를 천천히 입천정에 대면 "(어)얼"이 저절로 나옵니다. 그런데 [r]은 혀를 천정에 대면 바른 소리를 낼 수 없으므로, already는 'l'과 'r' 둘 중 하나를 생략하지 않으면 발음하기가 매우 어려운 말이 됩니다.

결론적으로, 미국인은 [l]을 과감히 제거함으로써 문제를 해결했습니다. 따라서 already는 [어뢰디]라고 발음하면 됩니다. 다음 예도 연습해봅시다.

- ·all right [어롸잇]
- ·animal rights [애니머롸이츠]
- ·railroad [뢰어로우드]
- ·single room [씽거룸]

▶ **critics**
t의 양옆에 모음이 있으므로 [크뤼릭스]라고 읽습니다.

▶ **lessen**
lesson [lésn]과 발음의 차이가 거의 없는 단어입니다. 따라서 문장의 구조를 알지 못하면 받아쓸 때 lesson(수업)으로 오해하기가 쉽습니다. 본문은 동사 'reduce'가 'and(등위접속사)'로 연결되므로 lessen(줄인다)로 써야 옳습니다. lesson은 명사입니다.

▶ 동음이의어lesson(수업)과 lessen(줄이다)처럼 발음은 같으나 뜻은 전혀 다른 단어를 살펴보겠습니다. 큰소리로 읽으면서 암기하기 바랍니다.

- · [에어(r)]　　　air(대기) / heir(상속인)
- · [얼라우드]　　allowed(허락된) / aloud(소리 내어)
- · [얼터(r)]　　　altar(제단) / alter(변경하다)
- · [베어(r)]　　　bear(품다) / bare(벌거벗은)
- · [베뤼]　　　　berry(딸기류) / bury(묻다)
- · [블루]　　　　blew(쳤다) / blue(파란색)
- · [브레익]　　　break(휴식) / brake(제동장치)
- · [싸이트]　　　cite(인용하다) / site(장소)
- · [코어(r)]　　　core(핵심) / corps(부대)
- · [듀]　　　　　due(만기의) / dew(이슬)
- · [디어(r)]　　　dear(소중한) / deer(사슴)
- · [다이]　　　　die(죽다) / dye(염색하다)
- · [게스트]　　　guest(손님) / guessed(추측했다)
- · [히어(r)]　　　hear(듣다) / here(여기에)

- [히일] heal(치료하다) / heel(뒤꿈치)
- [아우어(r)] hour(시간) / our(우리의)
- [아일] isle(작은 섬) / aisle(통로)
- [뉴] knew(알았다) / new(새로운)
- [마이너(r)] minor(미성년자) / miner(광부)
- [페어(r)] pear(배) / pair(짝)
- [플레인] plain(명백한) / plane(비행기)
- [포울] pole(극) / poll(여론조사)
- [루웃] root(뿌리) / route(길)
- [뢰인] rain(비) / reign(통치하다)
- [롸잇] right(오른쪽) / write(쓰다)
- [쎄일] sail(항해하다) / sale(매출)
- [스윗] sweet(달콤한) / suite(스위트룸)
- [스띠일] steal(훔치다) / steel(강철)
- [스떼어(r)] stare(응시하다) / stair(계단)
- [스츄레잇] straight(곧장) / strait(해협)
- [테얼] tail(꼬리) / tale(이야기)
- [쓰루] threw(던졌다) / through(통하여)
- [토우] tow(끌다) / toe(발가락)
- [베인] vain(헛된) / vein(정맥)
- [웨이스트] waste(낭비하다) / waist(허리)
- [웨이] weigh(무게를 달다) / way(길)
- [웨잇] weight(무게) / wait(기다리다)
- [요우크] yoke(멍에) / yolk(노른자)

STEP 4 다시 들으며 따라하기

원어민의 발음을 들으면서 끝까지 따라 읽습니다.

STEP 1　받아쓰기

STEP 2　내용확인

Stephen Dukker says all you need to connect to a network is a keyboard and monitor.

STEPHEN DUKKER: "You think you've got your own computer all to yourself and you can't tell the difference that you're working on something other than a computer and sharing this other resource and doing it at a much lower cost than having your own PC."

As computers reach more children in developing countries, so too in many cases is the Internet. It can be a great educational tool. But children also need to learn about the possible threats that can be found on social networks and other sites.

Vocabulary Guide

· monitor	모니터	· educational	교육의
· tell the difference	차이를 구별하다	· tool	도구, 수단
· other than	~이 아닌	· threat	위협
· reach	이르다	· social network	소셜 네트워크
· resource	리소스		

번역 TRANSLATION

스티븐 더커는 네트워크에 연결하려면 키보드와 모니터만 있으면 된다고 합니다.

스티븐 더커: 여러분 각자가 컴퓨터를 보유했다고 생각하십시오. 그러면 컴퓨터가 아닌 다른 매체로 작업하는 것과 이 같은 다른 리소스를 공유하는 것, 그리고 개인용 컴퓨터를 구입하는 것보다 훨씬 저렴하게 이를 실행하는 것을 두고 별 차이를 느끼지 못할 것입니다.

컴퓨터가 더 많은 개도국 아이들에게 보급됨에 따라 인터넷도 대부분 그렇게 되고 있습니다. 인터넷은 훌륭한 교육수단이 될 수 있습니다. 그러나 아이들은 소셜 네트워크와 다른 사이트에서 발견될 수 있는, 잠재적 위험성을 배워야 합니다.

STEP 3   발음확인

▶ **doing it at a**
it+at+a에서 2단 연음이 나옵니다. t의 양쪽에 모음이 붙은 탓에 t가 [r]로 약하게 발음됩니다.

it + at + a [이래러]

* **developing**
[p]를 된소리("ㅃ")로 발음합니다. [디벨러삥]

- stopping [스따삥] (p가 두 개라서 된소리가 나는 것은 아닙니다)
- tapping [태삥]
- sipping [씨삥]
- pumping [펌삥]

STEP 4 다시 들으며 따라하기

원어민의 발음을 들으면서 끝까지 따라 읽습니다.

STEP 1 받아쓰기

_____
_____
_____
_____
_____
_____
_____
_____

STEP 2 내용확인

Mark Matunga is with Microsoft East Africa in Kenya. He says poverty may put African children especially at risk.

MARK MATUNGA: "They're being told that, 'Hey you know what, I can send you a few dollars. I can come and visit you. I can buy you a ticket. You come to my country.'"

His company is working with the Kenyan government and a children's rights group. Mark Matunga says the coalition is trying to educate the public about how to protect children from online abuse.

And that's the VOA Special English Development Report, written by June

Simms with reporting by Adam Phillips and Cathy Majtenyi. Want to learn more about international development and technology? You can find transcripts, MP3s and podcasts of our programs at voaspecialenglish.com. I'm Steve Ember.

Vocabulary Guide

· especially	특히	· educate	교육하다
· put O at risk	O를 위험에 빠뜨리다	· international development	국제개발
· be told	~을 듣는다	· abuse	학대
· a few	소수의	· technology	기술
· children's rights group	아동인권단체	· transcript	대본
· coalition	연합	· podcast	팟캐스트

» podcast 팟캐스트(Personal On Demand broad CAST의 줄인말로, 주로 MP3와 같은 압축된 형태의 미디어 파일을 사용하여 라디오 방송을 디지털로 녹음해 인터넷에서 개인 오디오 플레이어로 다운받는 것을 의미)

번역 TRANSLATION

마크 마퉁가(Mark Matunga)는 케냐의 마이크로소프트 동아프리카 지사에서 근무하고 있습니다. 그는 특히 가난이 아프리카 아이들을 위험에 빠뜨릴 수 있다고 말합니다.

마크 마퉁가: 아이들은 이런 말을 듣습니다. "야, 있잖아, 내가 몇 달러를 부쳐줄게. 너를 만나러 갈 수도 있어. 티켓을 사줄 테니 우리나라로 와줘."

그의 회사는 케냐 정부 및 아동인권단체와 손을 잡았습니다. 마크 마퉁가에 따르면, (기업과 정부) 연합은 온라인 학대로부터 아이를 보호할 수 있는 방법에 대해 국민을 교육하고 있다고 합니다.

오늘 VOA 스페셜 잉글리시 개발 리포트는 여기까지입니다. 구성 준 심스, 취재 아담 필립스 (Adam Philips), 캐시 마이스니(Cathy Majtenyi). 국제개발·기술에 대해 더 알고 싶으십니까? 저희 방송의 대본과 MP3파일 및 팟캐스트는 voaspecialenglish.com에서 확인하실 수 있습니다. 저는 스티브 엠버입니다.

STEP 3 발음확인

▶ **written**

writt[륏] ("뤼잇"하면서 혀끝을 앞니 뒤편 잇몸 끝에 살짝 댑니다. 이 상태에서 혀를 움직이면 안 됩니다. 혀를 떼지 않으면 입 밖으로 바람이 나갈 곳이 없어집니다.)

-en(은) (혀는 잇몸에 그대로 붙인 채 바람을 코로 내보내면서 "은"을 연결하면 됩니다.)

▶ **reporting**

슈바현상과 '모음 + 자음 + t + 모음'에서 t가 앞 자음과 동화되는 현상이 합쳐진 단어입니다.

reporting [러포링]

STEP 4 다시 들으며 따라하기

원어민의 발음을 들으면서 끝까지 따라 읽습니다.

05
SOCIETY
사회

05 죄와 벌

STEP 1 받아쓰기

STEP 2 내용확인

Crime and Punishment

STEVE EMBER: I'm Steve Ember.

BARBARA KLEIN: And I'm Barbara Klein with EXPLORATIONS in VOA Special English. This year marks the sixtieth anniversary of the United States Federal Bureau of Investigation's "Ten Most Wanted Fugitives" list. This list includes a picture and description of people suspected of crimes so that the public can help provide information leading to their arrest.

The idea was that if the public knew what a criminal looked like, it would be harder for that person to hide. Since its beginnings sixty years ago, four hundred ninety-four criminals have been placed on the "Top Ten List." Four hundred and sixty-three of these criminals have been found. Today we tell about this special list. And we visit a museum in Washington that helps people learn more about crimes and investigations.

Vocabulary Guide

· mark	기념하다	· arrest	체포
· anniversary	기념일	· criminal	범죄자
· Federal Bureau of Investigation	연방수사국(FBI)	· look like	생김새가 ~하다
· wanted	지명수배의	· hide	숨기다
· fugitive	도망자	· beginning	시작
· include	포함하다	· place = put	
· suspected of	~혐의가 있는	· museum	박물관
· crime	범죄	· investigation	수사
· lead to	~으로 이어지다		

번역 TRANSLATION

스티브 엠버: 저는 스티브 엠버입니다.

바버라 클라인: VOA 스페셜 잉글리시 익스플로레이션을 함께 진행할 바버라 클라인입니다. 금년은 미국 연방수사국(FBI)의 '10대 수배범' 리스트가 나온 지 60번째 되는 해입니다. 이 리스트는 국민이 제보하여 그들을 체포할 수 있도록 피의자 사진과 신상을 담고 있습니다.

이는 국민이 범죄자의 모습을 안다면 숨어 지내기가 어려울 것이라는 점에 착안한 아이디어입니다. 60년 전 개시된 이후 494명의 피의자가 '톱 10 리스트'에 올랐습니다. 이들 중 463명은 잡혔습니다. 오늘 저희는 이 특별 리스트를 이야기할 것입니다. 또한 저희는 일반인이 범죄와 수사에 대해 좀 더 배울 수 있는, 워싱턴의 한 박물관을 방문했습니다

STEP 3 발음확인

▶ **includes**

[d]와 [s]가 만나면 [z]로 변합니다. 따라서 includes는 [인클루즈]라고 읽습니다.

· clouds [클라우즈]   · woods [우즈]   sounds [싸운즈]
· slides [슬라이즈]   · sides [싸이즈]

▶ **knew**

know의 과거형인 knew는 발음상 new와 별 차이가 없습니다. 따라서 문맥을 파악해야 바르게 알아들을 수 있는데 아나운서는 "if the public [뉴]"라고 읽었으므로 주어(the public)다음 동사의 과거형 knew가 당연히 옳습니다.

▶ **milk가 [미역/멕]이 되고 help가 [헤업]이 된 사연**

milk가 [밀크], help가 [헬프]로 발음해서는 안 되는 이유는 무엇일까요? milk가 "미역"이 된다는 사실은 영어의 음절이 매우 중요하다는 방증입니다. 우선 milk와 help는 둘 다 1음절입니다(음절의 숫자는 모음과 거의 일치합니다). 음절은 단어의 박자를 가리키니 각 단어는 한 박자 안에 다 들어가야 합니다. 그런데 "밀크"라고 하면 "밀"과 "크" 2음절이 되니 틀린 발음이 됩니다. help도 마찬가지입니다. 즉, "헤(어)"까지 갔다가 [p]를 발음하려니 그렇게 되었다는 얘깁니다. [p(ㅍ)]에서 닫힌 입술을 여는 즉시 help는 2음절이 되므로 절대로 열지 않습니다. 그러면 자연스레 [헤업]이 됩니다.

> reporting [러포링]

STEP 4 다시 들으며 따라하기

원어민의 발음을 들으면서 끝까지 따라 읽습니다.

STEP 1 받아쓰기

_____
_____
_____
_____
_____
_____
_____

STEP 2 내용확인

STEVE EMBER: The beginning of the "Ten Most Wanted" list dates to nineteen forty-nine. A reporter for United Press International called the FBI and asked them for the names of the "toughest guys" that the agency wanted to capture. The FBI provided the reporter with a list of ten criminals it believed to be the most dangerous.

This list was then published on the front page of the Washington Daily News. The list received wide public attention. And the help of the American public soon led to several arrests. The director of the FBI at the time, J. Edgar Hoover, made the "Ten Most Wanted Fugitives" list a permanent program in nineteen fifty.

Vocabulary Guide

· date to	~로 거슬러 올라가다	· front page	1면
· reporter	기자	· receive	받다
· call	전화를 걸다	· public attention	국민의 관심
· agency	기관	· at the time	당시
· provide A with B	A에게 B를 제공하	· permanent	상설의, 영원한
· dangerous	위험한		

번역 TRANSLATION

스티브 엠버: '10대 수배범' 리스트의 기원은 1949년으로 거슬러 올라갑니다. 당시 유나이티드 프레스 인터내셔널 기자는 FBI에 전화를 걸어 수사국이 체포하고 싶은 '가장 까칠한 녀석들'의 이름을 알려달라고 요청합니다. (그러자) FBI는 그 기자에게 가장 위험하다고 믿었던 10명의 범죄자 리스트를 제공합니다.

그러고 나서 이 리스트는 「워싱턴 데일리 뉴스」 1면에 게재됩니다. 리스트가 폭넓은 국민의 관심을 받게 되자 미국 국민의 도움으로 곧 몇 명이 체포됩니다. 당시 FBI 국장인 J. 에드가 후버(J. Edgar Hoover)는 1950년 '10대 수배범' 리스트를 상시 프로그램으로 만듭니다.

STEP 3 발음확인

▶ **the FBI**

the 다음에 모음으로 시작하는 단어가 올 때 the는 대개 [ði(디)]로 읽습니다. 모음은 '소리(sound)'를 일컫습니다. 물론 f는 철자상 자음이지만 [에프]라고 발음하므로 모음으로 시작한다고 봐야 옳습니다. 따라서 [더 에프 비 아이]라기 보다는 [디 에프 비 아이]가 더 정확합니다.

▶ **public attention**

attention이 2음절에 강세가 있으므로 at는 public에 붙어버리고 tention이 독립된 것처럼 들립니다.

public + attention = [퍼블리커]+[텐션]

STEP 4   다시 듣으며 따라하기

원어민의 발음을 들으면서 끝까지 따라 읽습니다.

STEP 1 받아쓰기

STEP 2 내용확인

BARBARA KLEIN: Over the years, the kinds of criminals on the list have changed. During the nineteen fifties, the "Top Ten" list mostly included escaped prisoners, suspected murderers or people who stole money from banks. During the nineteen sixties, the list included kidnappers, criminals suspected of sabotage and those who stole government property. Today, the list includes people suspected of crimes including terrorism, drug dealing, financial wrongdoing and murder. The most widely known person currently on the list is al-Qaida leader, Osama bin Laden.

STEVE EMBER: A suspect must meet two requirements to be on the "Ten Most Wanted Fugitives" list. He or she must be considered a threat to society. And the FBI must believe that wide publicity about the criminal might help lead to an arrest.

A suspect is removed from the list if he or she is captured, found dead or surrenders. Suspects can also be removed from the list if the federal case against them is dismissed or if they are no longer believed to meet the "Top Ten" requirements. Once a suspect is removed, a new suspect is placed on the list.

Vocabulary Guide

· mostly	대개	· financial wrongdoing	경제사범
· escape	탈출하다	· murder	살인
· prisoner	죄수	· currently	현재
· murderer	살인범	· meet requirements	조건을 만족하다
· steal(-stole-stolen) A from B	B에서 A를 훔치다	· publicity	일반 공개
· kidnapper	납치범	· remove	제외하다
· sabotage	사보타주(파괴행위)	· capture	생포하다
· property	재산	· surrender	투항하다
· including	이를테면	· suspect	용의자
· terrorism	테러	· federal case	연방 법원 관할 사건
· drug dealing	마약거래	· dismiss	기각하다

번역 TRANSLATION

바버라 클라인: 수년에 걸쳐 리스트에 등재된 범죄자의 종류는 달라졌습니다. 1950년대에는 '톱 10' 리스트가 대부분 탈옥범과 살인 용의자들 혹은 은행 털이범들이었습니다만, 1960년대 들어서는 납치범과 사보타주(sabotage) 피의자 및 정부재산 절도범들이 포함되었습니다. 오늘날에는 테러리즘과 마약밀매, 경제사범 및 살인 등의 혐의자들이 리스트에 등재되었습니다.

현재 리스트에 오른 범죄자 중 가장 잘 알려진 사람은 알카에다 리더인 오사마 빈라덴(Osama bin Laden)입니다.
스티브 엠버: 용의자가 '10대 수배범' 리스트에 등재되려면 두 가지 조건을 만족해야 합니다. (첫째) 남자든 여자든, 사회에 위협이 된다고 간주돼야 하고, (둘째) FBI가 범죄자에 대해 널리 공개하면 체포에 도움이 될 것으로 믿어야 합니다.

용의자는 체포되거나, 죽은 채 발견되거나 혹은 투항하면 리스트에서 제외되며, 연방법원에 제출된 소송이 기각되거나 더 이상 '톱 10' 조건에 일치하지 않는다고 판단돼도 리스트에서 제외됩니다. 일단 용의자가 제외되면 새로운 용의자가 리스트에 등재됩니다.

STEP 3   발음확인

▶ **are believed to**
엄밀히 따져보면 believed[빌리브드]+to[투]가 맞지만 "드"는 to와 결합되어 발음하지 않습니다. 결국 "believe to"로 들린다는 말인데, 앞에 be 동사(are)가 있다는 점으로 미루어 수동태를 추측해볼 수 있습니다. 한 문장에 동사는 하나만 써야 하므로 be동사 다음의 동사 believe는 어법상 맞지 않습니다. 따라서 그렇게 들리진 않겠지만 "be believed to"로 이해해야 할 것입니다.

▶ **once a suspect**
once와 a가 연음되고 p는 된소리가 납니다. [원써 써스뻭트]

▶ **된소리를 유도하는 [s]sp/st/sk/sc/sq+모음 패턴에서 [p], [t], [k]는 각각 된소리로 발음합니다.**

- spy [스빠이]
- spice [스빠이스]
- stage [스떼이쥐]
- story [스또리]
- space [스뻬이스]
- spoil [스뽀일]
- stove [스떠브]
- sky [스까이]
- spade [스뻬이드]
- stay [스떼이]
- still [스띨]
- skill [스낄]

- skull [스껄]
- square [스꿰어(r)]
- squad [스꽈드]
- scale [스께일]
- squeeze [스뀌이즈]
- squirrel [스뀌럴]
- escape [이스께이프]
- squash [스꽈쉬]

> **STEP 4** 다시 들으며 따라하기

원어민의 발음을 들으면서 끝까지 따라 읽습니다.

STEP 1 받아쓰기

STEP 2 내용확인

BARBARA KLEIN: The first woman to be on the "Top Ten" list was Ruth Eisemann-Schier. In nineteen sixty-eight she and her boyfriend kidnapped a wealthy young woman in the state of Georgia. After committing the crime, Eisemann-Schier fled the area. She changed her name and moved to the state of Oklahoma.

But she applied for a job that required the prints of her fingertips be taken. An official noted that her fingerprints matched those of a wanted criminal. Eisemann-Schier was arrested. She admitted she was guilty of the crime and was sentenced to seven years in prison. She served four years, then was sent back to her native country of Honduras. So far, eight "Top Ten" suspects have been women.

Vocabulary Guide

· wealthy	부유한	· note	주목하다
· state	주	· match	일치하다
· commit	저지르다	· admit	시인하다, 인정하다
· flee-fled-fled	달아나다	· be guilty of	~죄를 짓다
· apply for	지원하다	· be sentenced to	~형을 선고받다
· require	요구하다	· serve	복역하다
· fingertip	손가락 끝	· native country	고국
· official	관리	· so far	지금까지
· fingerprint	지문		

번역 TRANSLATION

바버라 클라인: '톱 10'에 등재된 최초 여성은 룻 아이즈맨 샤이어(Ruth Eisemann- Schier) 입니다. 1986년 그녀와 그의 남자친구는 조지아 주에서 부유한 젊은 여성을 납치했습니다. 죄를 저지른 후 아이즈맨 샤이어는 그 지역을 떠났습니다. 그녀는 이름을 바꾸고 오클라호마주로 이사했습니다.

그러나 그녀는 지문을 찍어야 하는 직장에 취업했다가 지문이 수배범의 것과 일치한다는 사실을 어느 관리에게 적발되었습니다. 아이즈맨 샤이어는 결국 체포되었습니다. 그녀는 자신이 죄를 저질렀다고 시인하여 7년 실형을 선고받았습니다. 그녀는 4년을 복역한 후 고향 온두라스(Honduras)로 돌아왔습니다. 지금까지 '톱 10' 용의자 중 여성은 여덟이었습니다.

STEP 3 발음확인

▶ **committing**

두 번째 음절에 강세가 있는 단어는 과거나 분사형(ing)에서 자음을 하나 더 씁니다.

· re**ferr**ing / re**ferr**ed (언급하다)　　　pre**ferr**ing / pre**ferr**ed (선호하다)

remitting / remitted (보내다)   transmitting / transmitted (전송하다)

t의 양쪽에 모음이 있으므로 [커**미**링]

▶ **sentenced**
발음의 원리는 written과 같습니다.

┌───┐
│   sen(t) [쎈]   │
│ (혀끝을 앞니 뒤편 잇몸 끝에 살짝 댑니다. 이 상태에서 혀를 움직이면 안 됩니다. │
│   혀를 떼지 않으면 입 밖으로 바람이 나갈 곳이 없어집니다.)   │
│   │
│   -en [은]   │
│ (혀는 잇몸에 그대로 붙인 채 바람을 코로 내보내면서 "은"을 연결하면 됩니다.) │
│   │
│   ced [스트]   │
└───┘

▶ **액센트에 주의할 단어**
액센트를 제대로 살려야 발음이 어색하지 않고 원활한 커뮤니케이션을 기대할 수 있습니다.
다음은 액센트를 추측하기 어려운 단어를 선별한 것이니 반복해서 연습하기 바랍니다.

· **ab**solute	[**앱**썰룻]	절대적인
· **ad**mirable	[**애드**미러블]	존경할만한
al**ter**native	[얼**터**너티브]	대안
· **an**cestor	[**앤**쎄스터]	선조
· arti**fi**cial	[아리**피**셜]	인공의
· **at**mosphere	[**앳**모스피어(r)]	분위기
· ba**ro**meter	[버**라**미러(r)]	기압계
· bi**o**graphy	[바이**아**그러피]	전기
· ca**nal**	[커**넬**]	운하
· cer**ti**ficate	[써(r)**티**피킷]	자격증

· characteristic	[캐랙터리스틱]	특징의
· comfortable	[컴포러블]	편안한
· commerce	[카멀스]	상업
· comparable	[캄퍼러블]	비교할만한
· contemporary	[컨템퍼레리]	현대의
· contribute	[컨트리븃]	기고(부)하다
· democracy	[디마크러씨]	민주주의
· democrat	[데모크랫]	민주당원
· diameter	[다이아머러(r)]	지름
· distribute	[디스트리븃]	유통하다
· economical	[에꺼나머껄]	경제적인
· economy	[이카너미]	경제
· energetic	[에너제릭]	열정적인
· enthusiastic	[인쓔지애스띡]	열정적인
· European	[유러피언]	유럽인(의)
· familiar	[퍼밀리어(r)]	익숙한
· geometry	[지아머츄리]	기하학
· habitual	[허비츄얼]	상습적인
· individual	[인더비쥬얼]	개인
· industrial	[인더스트리얼]	산업의
· industry	[인더스트리]	산업
· infamous	[인퍼머스]	악명높은
· intellect	[인털렉트]	지성
· intellectual	[인털렉츄얼]	지적인
· interpret	[인터프럿]	통역하다
· mathematics	[매써매릭스]	수학
· miraculous	[미래큘러스]	기적적인
· monotonous	[머나터너스]	단조로운
· necessity	[너쎄서리]	필요성
· nevertheless	[네버(r)덜레스]	그럼에도

· **op**posite	[**아**퍼짓]	반대
· **or**igin	[**어**리쥔]	기원
· or**ig**inal	[어**리**쥐널]	기원의
· origi**nal**ity	[어러쥐**낼**러리]	독창성
· Pa**ci**fic	[퍼**씨**픽]	태평양
· par**ti**cular	[퍼**티**큘러]	특별한
· **pho**tograph	[**포**토그래프]	사진
· pho**to**graphy	[퍼**타**그러피]	사진술
· India**na**polis	[인디애**내**플리스]	인디애나폴리스
· pre**fer**	[프리**퍼**(r)]	선호하다
· **pr**eferable	[**프레**퍼러블]	더 나은
· psy**cho**logy	[싸이**칼**러쥐]	심리학
· psycho**lo**gical	[싸이컬**라**쥐컬]	심리적인
· recom**men**d	[레커**멘**드]	추천하다
· repre**sen**tative	[러프러**제**너리브]	대표
· ri**di**culous	[러**디**큘러스]	터무니없는
· scien**ti**fic	[싸이언**티**픽]	과학의
· simul**ta**neous	[싸이멀**테**이니어스]	동시의
· sig**ni**ficant	[씨**그**니피컨트]	중요한
· ther**mo**meter	[써**마**머러]	온도계
· tri**um**phant	[트라이**엄**펀트]	승리한
· **ul**timate	[**얼**터밋]	궁극적인

STEP 4 다시 들으며 따라하기

원어민의 발음을 들으면서 끝까지 따라 읽습니다.

STEP 1　받아쓰기

STEP 2　내용확인

STEVE EMBER: The FBI has studied how "Top Ten" criminals have been caught over the past twenty years. It says citizen cooperation after publicity about the crime has resulted in the capture of about forty percent of the suspected criminals. The agency says the "Ten Most Wanted Fugitives" program uses many kinds of media to gain public attention. These include newspapers, wanted signs, and television news and crime shows. Of these, the popular television show "America's Most Wanted" is responsible for the largest number of criminals captured.

BARBARA KLEIN: To learn more about crime investigation, we visited the National Museum of Crime and Punishment in Washington. A lawyer and businessman from Florida, John Morgan, owns and operates the museum. He was influenced to open the museum after a visit to Alcatraz prison in

San Francisco, California.

Mr. Morgan opened the museum in partnership with John Walsh. He is the host of the television show "America's Most Wanted."

Parts of this program are recorded in a studio in the Museum of Crime and Punishment. "America's Most Wanted" tells about people who are suspected of crimes. People watching the show are asked to telephone if they have information that could help capture the criminals.

Vocabulary Guide

· citizen	시민	· lawyer	변호사
· cooperation	협력	· businessman	기업가
· result in	(결국) ~으로 이어지다	· operate	운영하다
· media	언론	· be influenced	감명을 받다
· gain public attention	국민의 주목을 받다	· in partnership with	~와 손잡고
· wanted sign	지명수배 전단지	· host	진행자
· crime shows	범죄 관련 방송	· record	녹화하다
· be responsible for	~의 원인이 되다	· studio	스튜디오 (방송실)
· punishment	처벌		

번역 TRANSLATION

스티브 엠버: FBI는 지난 20년간 '톱 10' 범죄자가 어떻게 체포되었는지 연구해왔습니다. 당국에 따르면, 범죄가 공개된 후 시민의 협조 덕택에 용의자의 40퍼센트가 검거되었다고 합니다. '10대 수배범' 프로그램은 국민의 관심을 얻기 위해 다수의 언론매체를 이용한다고 FBI는 밝혔습니다. 여기에는 신문과 현상수배 표지판, 텔레비전 뉴스 및 범죄 프로그램이 포함됩니다. 이들 중 인기 있는 텔레비전 프로그램인 「아메리카스 모스트 원티드(America's Most Wanted)」덕분에 최다 범죄자들이 체포되었습니다.

바버라 클라인: 범죄 수사에 대해 좀 더 배우기 위해 저희는 워싱턴에 있는 범죄·처벌 국립 박물관(the National Museum of Crime and Punishment)을 방문했습니다. 플로리다 출신 변호사 겸 기업가인 존 모건(John Morgan)이 박물관을 소유·운영하고 있습니다. 그는 캘리포니아 샌프란시스코의 알카트라즈(Alcatraz) 교도소를 찾은 후 영감을 받아 박물관을 개장했습니다.

모건은 존 왈시(John Walsh)와 손잡고 박물관을 열었습니다. 그는 텔레비전 프로그램 「아메리카스 모스트 원티드」 진행자입니다.

이 프로그램의 일부는 범죄·처벌 국립 박물관에서 촬영합니다. 「아메리카스 모스트 원티드」는 범죄 혐의를 받고 있는 사람을 이야기합니다. 이 방송은 범죄자 체포에 도움이 될 만한 정보를 갖고 있다면 전화로 제보해줄 것을 시청자들에게 당부합니다.

STEP 3 발음확인

▶ **visited**
t 양쪽에 모음이 있으므로 [비지릿]입니다.

▶ **People watching the show / are asked to telephone /
if they have information / that could help capture / the criminals.**
의미단위로 끊어 읽는 습관을 들이는 것이 스피킹에도 도움이 됩니다. 그럼 본문을 어떻게 끊어 읽는지 살펴봅시다.

People watching the show (프로그램을 보는 사람들은)
/ are asked to telephone (전화 제보를 요청받는다)
/ if they have information (만일 그들이 정보를 갖고 있다면) (어떤 정보?)
/ that could help capture (잡는 데 도움이 될) (누구를?)
/ the criminals (피의자를)

STEP 4 다시 듣으며 따라하기

원어민의 발음을 들으면서 끝까지 따라 읽습니다.

STEP 1 받아쓰기

STEP 2 내용확인

STEVE EMBER: The Museum of Crime and Punishment has exhibits that explain how experts gather evidence at the place where a crime is committed. Some of the professionals who examine evidence gathered during criminal investigations are called forensic scientists. These experts use chemistry, physics, anthropology, biology and other sciences to study the clues surrounding a crime. This evidence can be used by investigators who are working to solve the crime and as proof in a court of law.

BARBARA KLEIN: When crime scene investigators arrive at the place of a crime, they first try to make sure the area is secure. They must make sure that nothing in the area gets moved or touched. This could weaken or change any evidence. The investigators also document all evidence by taking photographs and drawing pictures of what they see. Then they collect the evidence and carefully document and transport it so that it can be further examined in a laboratory.

Vocabulary Guide

영어	한국어	영어	한국어
· exhibit	전시물	· investigator	수사관
· gather	수집하다	· court of law	법정
· evidence	증거	· secure	보존된
· professional	전문가	· weaken	약화시키다
· forensic scientists	법의학자	· document	서류를 작성하다
· chemistry	화학	· collect	수집하다
· physics	물리학	· transport	운반하다
· anthropology	인류학	· further	추가의
· biology	생물학	· laboratory	연구소
· clue	단서	· examine	조사하다
· surrounding	~을 둘러싼		

번역 TRANSLATION

스티브 엠버: 범죄·처벌 국립 박물관은 전문가들이 범죄가 일어난 현장에서 증거를 수집하는 방법을 설명하는 전시품을 갖추었습니다. 범죄 수사 중에 증거를 조사하는 전문가 중 몇몇은 법의학자(forensic scientist)라고 부릅니다. 이 전문가들은 화학과 물리, 인류학, 생물학 및 기타 과학을 이용하여 범죄를 둘러싼 단서를 조사합니다. 이 증거는 범죄를 해결하려고 노력하는 수사관뿐 아니라 법정에서 증거물로도 활용될 수 있습니다.

바버라 클라인: 범죄현장 수사관이 현장에 도착할 때 그들은 우선 확실한 현장보존을 위해 노력합니다. 현장에서는 어떤 것도 이동하거나 사람의 손이 닿지 않도록 해야 합니다. 그랬다간 증거물의 효력이 약화되거나 바뀔 수도 있습니다. 또한 수사관들은 사진을 찍거나 보이는 것을 그려 모든 증거를 문서로 남깁니다. 그리고는 증거물을 수집하고 이를 조심스레 기록하고 발송하여 연구소에서 좀 더 조사될 수 있도록 합니다.

STEP 3 발음확인

▶ **investigators**
t 양 옆의 모음이 왔으므로 [인베스티게이러]

▶ **is secure**
s가 중복되므로 하나만 발음합니다. [이씨큐어(r)]

STEP 4 다시 들으며 따라하기

원어민의 발음을 들으면서 끝까지 따라 읽습니다.

STEP 1 받아쓰기

STEP 2 내용확인

STEVE EMBER: What are some of the clues investigators might look for? Fingerprints are one important clue in a crime scene. No two people have the same fingerprints, so they are useful in identifying suspects. Fingerprints are sometimes very easy to see. For example, a murderer might have blood or dirt on his or her hands which leaves prints on the wall. Investigators sometimes use chemicals and special lighting to uncover fingerprints that cannot be seen with the eye alone.

BARBARA KLEIN: The criminal might also leave his or her shoe prints. Experts can discover the manufacturer of the shoe. They can also tell about a person's height and the way he or she walks. A suspect might also leave behind hairs or some kind of body fluid such as blood. DNA testing can then reveal the suspect's identity.

If the crime involves a murder, the body itself holds many clues. Medical examiners can give important information about how the victim died. They study wounds and chemical tests to find out if the victim died accidentally or not. They can tell if a wound was created by the victim or by another person. And, they can discover the time of death to see if it matches information given by suspects and witnesses.

Vocabulary Guide

· look for	~을 찾다	· height	신장
· useful	유용한	· body fluid	체액
· identify	밝혀내다	· reveal	밝혀내다
· dirt	흙	· identity	신원
· leave	남기다	· hold	보유하다
· print	자국	· wound	부상
· chemical	화학물질	· find out	알아내다
· lighting	조명	· accidentally	우발적으로
· uncover	규명하다	· tell	구별하다
· shoe print	족적	· suspect	용의자
· discover	발견하다	· witness	증인

번역 TRANSLATION

스티브 엠버: (그렇다면) 수사관들이 찾을 만한 일부 단서에는 무엇이 있을까요? 지문은 범죄현장의 가장 중요한 단서입니다. 두 사람이 똑같은 지문을 가질 수는 없으므로 지문은 용의자의 신원을 파악하는 데 유용합니다. 지문은 때때로 쉽게 볼 수 있습니다. 예컨대, 살인자는 손에 피나 진흙이 묻어 벽에 지문을 남길 수 있습니다. 수사관들은 때때로 화학물질과 특수 조명을 이용하여 육안으로는 보이지 않는 지문을 찾아냅니다.

바버라 클라인: 범죄자가 족적을 남길 때도 있습니다. 전문가들은 신발의 제조사를 밝혀낼 수 있

을 뿐 아니라, 그의 신장과 걷는 방식도 식별할 수 있습니다. 용의자는 머리카락을 비롯하여, 피 같은 일종의 체액을 남기기도 합니다. 그러면 DNA 테스트로 용의자의 신원을 밝힐 수 있습니다.

범죄가 살인과 관계가 있다면 시신은 많은 단서를 갖고 있을 것입니다. 법의학자들은 희생자가 어떻게 사망했는지를 두고 중요한 정보를 제공할 수 있습니다. 그들은 피해자가 우발적인 사고로 죽었는지 밝히기 위해 상흔과 화학물질 테스트를 연구합니다. 또한 희생자가 상처를 냈는지 제3자가 개입했는지도 가려낼 수 있으며, 사망시간이 용의자와 증인의 정보와 일치하는지 보기 위해 이를 밝혀낼 수도 있습니다.

STEP 3 　 발음확인

▶ **height [hait]**
gh는 발음하지 않고 ei 는 대개 [아이]로 읽습니다. [하이트]

▶ **blood**
'oo'는 [우]나 [어]로 발음하는데 blood [블러드]는 후자에 속합니다.
flood 역시 [플러드]라고 읽습니다.

▶ **witnesses**
t에는 끊어지는 맛이 느껴집니다.

> wit + ness + es

"윗"에서 잠깐 끊었다가 "니씨즈." Network도 "넷"에서 끊었다가 "워(r)크"라고 합니다

STEP 4 　 다시 들으며 따라하기

원어민의 발음을 들으면서 끝까지 따라 읽습니다.

STEP 1 받아쓰기

STEP 2 내용확인

STEVE EMBER: Visitors to the Museum of Crime and Punishment can learn more about blood and its importance in an investigation. They can attend a Crime Scene Investigation workshop. During these events, a trained expert talks to museum visitors and leads an experiment. We attended one that was taught by a graduate student from George Washington University's Forensic Science Department.

For example, she discussed how investigators can learn a great deal from the shape of the blood drops found at a crime scene. A circular blood drop could mean the blood fell directly downward. But blood drops with long tails can tell a great deal about the direction, speed and angle of the blood's starting point.

Vocabulary Guide

· visitor	방문객	· a great deal	상당히
· attend	참석하다	· blood drop	핏방울
· workshop	워크숍	· circular	원형의
· trained expert	숙련된 전문가	· directly downward	곧장 아래로
· experiment	실험, 시험	· tail	꼬리, 자취
· graduate student	대학원생	· direction	방향
· Forensic Science Department	법의학부	· angle	각도

번역 TRANSLATION

스티브 엠버: 범죄·처벌 박물관의 방문객들은 수사에서 혈액과 그 중요성에 대해 좀 더 배울 수 있습니다. 그들은 범죄현장 수사 워크숍에 참여할 수도 있습니다. 이 행사 중에는 숙련된 전문가가 박물관 방문객들에게 이야기하며 실험을 지도합니다. 저희도 조지 워싱턴 대학의 법의학부 출신 대학원생이 강의한 워크숍에 참가했습니다.

예컨대, 그녀는 수사관들이 범죄현장에서 발견된 핏방울 모양으로부터 어떻게 많은 것을 알게 되는지 이야기를 나누었습니다. 원형 핏방울은 혈액이 수직으로 떨어졌다는 뜻일 수도 있습니다. 한편, 긴 자취를 남긴 핏방울은 혈액이 출발한 방향과 속도 및 각도에 대해 많은 것을 말해줄 수 있습니다.

STEP 3 발음확인

▶ **these events**

event는 2음절을 강하게 읽으므로 se와 e가 붙고 vents[벤츠]는 떨어진 듯한 느낌이 듭니다.

these e[디저] + vents[벤츠]

▶ **discussed**

과거형 어미 'ed'는 [d]나 [t] 등으로 발음하는데 그 앞에 어떤 소리가 나느냐에 따라 결정됩니다.
이를테면 [p][k][s][/(쉬)][t/(취)][f] +ed는 [t]로 발음합니다.
앞서 공부했던 사례를 다시 연습해봅시다.

· stopped [스땁트]   · blooked [룩트]   · stressed [스트레스트]
· washed [워시트]   · watched [워치트]   · laughed [래프트]
· increased [인크리스트]

STEP 4   다시 들으며 따라하기

원어민의 발음을 들으면서 끝까지 따라 읽습니다.

STEP 1 받아쓰기

STEP 2 내용확인

LARISSA: "That tail tells you the direction the blood was travelling. So if your tail is pointing that way, which direction was your blood going?"

BARBARA KLEIN: This information can show what kind of weapon was used in a murder. And it can show from what position the murderer killed a victim.

LARISSA: "Now if you look at that bottom picture on your pages, you'll see that you can measure the length and the width of that spatter droplet, right? You can actually calculate the angle at which that blood hit your surface."

For this workshop, Larissa used red paint to show how different murder weapons can leave different patterns of blood. But she says in a real lab, experts would use pig blood to conduct their tests. Pig blood is very close in thickness to human blood. But it is safer for the scientists to use. She also shows how the chemical Luminol can reveal hidden blood stains that the eye alone cannot see.

Vocabulary Guide

· travel	이동하다	· spatter	튀기다
· point	가리키다	· droplet	(물)방울
· weapon	무기	· calculate	계산하다
· position	자세	· conduct	실시하다
· bottom	하단	· thickness	농도
· measure	측정하다	· close to	~와 가깝다
· length	길이	· stain	얼룩
· width	너비		

번역 TRANSLATION

라리사: 이 자취는 피가 튄 방향을 말해줍니다. 자취가 이쪽을 가리킨다면 혈액은 어느 방향으로 이동했을까요?

바버라 클라인: 이 정보는 살인 당시 어떤 무기가 사용되었는지 말해주며, 살인자가 피해자를 죽일 때의 자세도 보여줄 수 있습니다.

라리사: 페이지 하단에 보시면 튄 핏방울의 길이와 너비를 측정할 수 있다는 것을 아실 겁니다, 그렇죠? 피가 어떤 각도로 표면에 닿았는지 잴 수 있습니다.

이 워크숍이 진행되는 동안 라리사는 붉은 페인트를 사용하여 다른 살인 흉기가 어떻게 다른 혈액 패턴을 남길 수 있는지 보여주었습니다. 그러나 실제 연구소에서는 전문가들이 돼지 혈액을 써서 분석한다고 그녀는 덧붙였습니다. 돼지 피는 사람 피와 농도가 비슷합니다. 게다가 과학자들이 사용하기에도 안전합니다. 또한 그녀는 화학물질인 루미놀(Luminol)이 육안으로는 볼 수 없는 숨은 혈액 자국을 어떻게 보여주는지도 가르쳐주었습니다.

STEP 3 발음확인

▶ **hidden**

hi + dden (강세는 1음절)

hid [히ㄷ]
⇩
dden [은] (바람이 코로 나가면서 발음합니다.)

▶ **stains**

st + 모음에서 t는 된소리가 됩니다. [스떼인즈]

· style [스따일] · story [스또리]
· sting [스띵] · stay [스떼이]

▶ **[t]와 발음 원리가 아주 가까운 [d] 정리**

[d]는 [t]와 발음법이 같아 원리도 거의 같다.

1. 모음+[d]+모음

   · audience [어리언스] · everybody [에브리바리] · edit [에릿] · nodding [나링]

2. [dr~]은 "쥬"로 발음한다.

   · dream [쥬림]   · drug [쥬러그]   · dress [쥬레스]   · draw [쥬로]

3. 모음+[dl]+모음

   · noodle [누를]   · saddle [쌔를]   · idle [아이를]   · cradle [크레이를]

STEP 4 다시 들으며 따라하기

원어민의 발음을 들으면서 끝까지 따라 읽습니다.

STEP 1 받아쓰기

STEP 2 내용확인

This workshop shows that it takes a deep understanding of science to lead a crime scene investigation. And, the job requires careful attention to detail, because even the smallest observation can lead to solving a crime.

STEVE EMBER: This program was written and produced by Dana Demange. I'm Steve Ember.

BARBARA KLEIN: And I'm Barbara Klein. Transcripts, MP3s and podcasts of our programs are at voaspecialenglish.com. You can also post comments on our website and on our Facebook page at VOA Learning English. Join us again next week for EXPLORATIONS in VOA Special English.

Vocabulary Guide

- take ~이 필요하다
- deep understanding 충분한 이해
- observation 관찰
- post 게재하다
- comment 코멘트

번역 TRANSLATION

이 워크숍은 범죄현장 수사를 진행하려면 과학을 깊이 이해해야한다는 점을 보여줍니다. 그리고 이 일은 세세한 것도 놓치지 않겠다는 세심한 주의력을 요구합니다. 가장 사소한 관찰도 범죄 해결을 유도할 수 있기 때문입니다.

스티브 엠버: 본 방송은 다나 데망지 구성·연출, 저는 스티브 엠버입니다.

바버라 클라인: 저는 바버라 클라인입니다. 저희 프로그램의 대본과 MP3 (파일) 및 팟캐스트는 voaspecialenglish.com에 있습니다. VOA 러닝 잉글리시에 오시면 웹사이트와 페이스북에 의견을 남기실 수 있습니다. 다음 주에도 VOA 스페셜 잉글리시 익스플로레이션에 참여해주시기 바랍니다.

STEP 3   발음확인

▶ **requires**
 슈바현상으로 [러콰이어(r)즈]

▶ **observation**
 -tion/-sion으로 끝나는 명사는 그 앞에 강세를 둡니다.

- dictation [딕테이션] (받아쓰기)
- conversion [컨버(r)젼] (전환)
- salvation [살베이션] (구조)
- communication [커뮤너케이션] (소통)

conversation [컨버(r)쎄이션] (대화)

STEP 4   다시 들으며 따라하기

원어민의 발음을 들으면서 끝까지 따라 읽습니다.

06
ECONOMICS
경제

06 해충이지만 효자노릇하는 빈대

> **STEP 1** 받아쓰기

> **STEP 2** 내용확인

With Bedbugs, Some People See Pests, Others See Profits

This is the VOA Special English Economics Report.

They are not even five millimeters long and cannot fly or jump. Yet bedbugs strike fear in homeowners and business owners. Well, not all business owners. Some see money in these little bloodsuckers.

Missy Henriksen speaks for the National Pest Management Association.

MISSY HENRIKSEN: "We are now seeing bedbugs in what we would consider to be atypical locations: schools and hospitals, retail locations, movie theaters. So, as the numbers have grown, those bedbugs are spreading out and traveling along with people."

Vocabulary Guide

- bedbug — 빈대
- strike fear — 두려움을 주다
- homeowner — 집주인
- bloodsucker — 흡혈동물
- pest — 해충
- management — 관리
- association — 협회
- atypical — 흔치 않은
- location — 장소
- retail — 유통업체

번역 TRANSLATION

VOA 스페셜 잉글리시 경제 리포트 시간입니다.

녀석들은 5밀리가 채 되지 않을 뿐 아니라 날거나 뛰어오르지도 못합니다만 빈대는 집주인이나 기업 오너에게 두려움을 주고 있습니다. 물론 모든 기업주는 아닙니다. 몇몇은 이 작은 흡혈생물에게서 수익을 보고 있습니다.

미시 헨릭슨(Missy Henriksen)이 국립 해충관리협회를 대변합니다.

미시 헨릭슨: 우리는 현재 학교와 병원, 유통업체 및 영화관 등, 예상치 못한 곳으로 생각되는 장소에서 빈대를 만나고 있습니다. 즉, 수효가 증가함에 따라 빈대가 확산되어 사람들과 함께 다닌다는 얘깁니다.

STEP 3 발음확인

▶ **not all**
사이가 떨어져있긴 하나 t 양측에 모음이 있으므로 [r]사운드로 약화되면서 연음됩니다.
[나롤]

▶ **atypical**
[어티삐껄]로 읽어도 되나 반대 접두사인 a(에이)를 강조하며 읽다보니 [에이티삐껄]이 되었습니다.

STEP 4 다시 들으며 따라하기

원어민의 발음을 들으면서 끝까지 따라 읽습니다.

| STEP 1 | 받아쓰기 |

_____

_____

_____

_____

_____

_____

_____

_____

| STEP 2 | 내용확인 |

New York and other cities have outbreaks. But the United States is not the only country affected.

Jeff White is an insect expert who hosts Bed Bug TV on the website BedBug Central.

JEFF WHITE: "What has caused this rapid expansion of bedbug infestations across the United States and the world for that matter is the lack of public awareness."

Mr. White says bedbugs nearly disappeared from the United States for fifty or sixty years. Now researchers are looking for faster, safer ways to control them without the kinds of poisons used in the past.

Vocabulary Guide

· outbreak	(해충의) 출몰	· infestation	만연
· affected	피해를 입은	· lack	부족
· insect	곤충	· public awareness	국민의 의식
· rapid	빠른	· disappear	사라지다
· expansion	확산	· poison	극약

번역 TRANSLATION

뉴욕을 비롯한 다른 도시에서도 빈대가 속출하고 있습니다. 그러나 미국이 유일한 빈대 피해 국가는 아닙니다.

제프 화이트(Jeff White)는 곤충 전문가로 베드버그 센트럴(BedBug Central) 웹사이트에서 「베드 버그 TV」를 진행하고 있습니다.

제프 화이트: 빈대의 출몰이 미국과 전 세계에 급작스레 확산된 까닭은 국민의 의식이 결여됐기 때문입니다.

빈대는 50, 60년간 미국에서 거의 사라졌었다고 화이트는 말합니다. 현재 연구자들은 과거에 사용됐던 극약 종류를 쓰지 않고 이를 박멸할 수 있는 신속하고도 안전한 방법을 찾고 있습니다.

STEP 3 발음확인

▶ **country affected**

affected의 강세가 2음절에 있으므로 country에 a가 붙고 ffected가 독립된 것처럼 들립니다.

(country+a)+(ffected) [컨트리어]+[펙티드("f"는 윗니를 아랫입술에 살짝 댔다가 입술을 떼면서 발음합니다)]

▶ **the lack**

앞서 이야기했듯이, the 다음에 모음이 나오면 [디], 자음은 [더(혀는 반드시 약간 빼서 윗니 아래에 지그시 댑니다)]라고 했는데 인터뷰에 나오는 사람은 대놓고 "디 랙"이라고 합니다. 지금껏 배운 바대로라면 "더 랙"이 맞습니다만, 그렇다고 혼란을 느낄 필요는 없습니다. the를 강조해서 읽다보면 "디"가 될 때도 있으니까요.

STEP 4 다시 들으며 따라하기

원어민의 발음을 들으면서 끝까지 따라 읽습니다.

STEP 1 받아쓰기

STEP 2 내용확인

The name is misleading. Bedbugs do not just live in beds. Mr. White says they can survive for a year without food -- that is, blood.

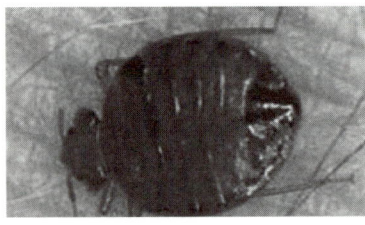

Last week, an industry event called Bed-Bug University's North American Summit 2010 took place near Chicago, Illinois. More than three hundred sixty people attended the two-day meeting.

The industry says bedbugs are the most difficult pest to control. Treatments can cost from several hundred dollars to thousands of dollars in, say, a hotel or apartment building.

Missy Henriksen says Americans spent almost two hundred sixty million dollars on bedbug treatments last year. That was only five percent of total spending on pest control, she says, but that number does not include other costs.

Vocabulary Guide

· mislead	그릇된 인상을 주다	· say	이를테면
· survive	살아남다	· treatment	처리
· without	~없이	· industry	업계
· take place	개최되다	· cost	비용

번역 TRANSLATION

이름을 보면 오해가 빚어질 수도 있습니다. 빈대(Bedbug)가 침대에만 사는 것은 아니니까요. 화이트에 따르면, 빈대는 먹이, 즉 피가 없어도 1년은 살 수 있다고 합니다.

지난 주, '2010 베드버그 대학 북미 정상회담'이라는 행사가 일리노이주 시카고 근방에서 개최되었고, 360명 이상이 이틀간 진행되는 회의에 참여했습니다.

업계는 빈대가 가장 퇴치하기 어려운 해충이라고 이야기합니다. 호텔이나 아파트 등에서 해충을 처리하려면 수백에서 수천 달러가 들 수 있습니다.

미시 헨릭슨은 작년 미국인이 빈대를 박멸하는 데 약 2억 6천만 달러를 썼다고 밝혔습니다. 이는 해충박멸에 든 총 지출액의 5퍼센트에 불과하지만 이에 다른 비용은 포함되지 않는다고 합니다.

STEP 3 발음확인

▶ **Illinois**

[일리노이즈]가 아니라 [일리노이]입니다. 마지막 "s"는 발음하지 않습니다.

▶ **total**
t 양 옆에 모음이 있으므로 [r]로 바뀌면서 슈바현상에 의해 [토럴]이 됩니다.

STEP 4   다시 들으며 따라하기

원어민의 발음을 들으면서 끝까지 따라 읽습니다.

| STEP 1 | 받아쓰기 |

| STEP 2 | 내용확인 |

MISSY HENRIKSEN: "I think the overall economic impact because of bedbugs is certainly much more significant. We're finding that businesses who have bedbugs oftentimes will close to remediate the problem."

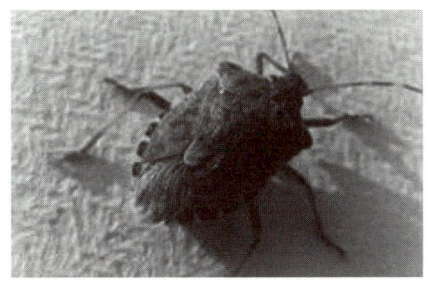

Bedbugs have not been shown to spread disease. But they can leave itchy bite marks and cause **allergic** reactions in some people.

Lately, however, another bug has caught America's attention. The National Pest Management Association is now getting the most questions about stink bugs. Outbreaks have invaded homes and offices in many states.

Stink bugs are harmless except to farms and gardens. And they smell bad only if you smash them.

And that's the VOA Special English Economics Report, written by Mario Ritter. You can get transcripts, MP3s and podcasts of our shows at voaspecialenglish.com. And follow us on Facebook, YouTube and iTunes at VOA Learning English. I'm Doug Johnson.

Vocabulary Guide

· overall	전반적인	· lately	최근
· economic impact	경제적인 여파	· however	그러나
· significant	엄청난	· catch one's attention	주목을 받다
· oftentimes	종종	· stink bug	노린재
· remediate	해결하다	· harmless	해롭지 않은
· itchy	가려운	· except	~을 제외하고
· bite mark	깨문 자국	· smash	찰싹 때리다
· allergic reaction	알레르기 반응		

번역 TRANSLATION

빈대로 인한 전반적인 경제적 여파는 분명 (생각보다) 훨씬 엄청날 거라고 생각합니다. 빈대로 골머리를 앓는 업체라면 이를 해결하기 위해 종종 문을 닫을 것입니다.

빈대는 병을 옮기진 않는 것으로 보입니다. 하지만 깨물면 가려운 자국을 남길 수 있으며 몇몇 사람들에게는 알레르기 반응을 일으키기도 합니다. 그러나 최근에는 또 다른 해충이 미국의 주목을 끌었습니다. 국립 해충관리협회는 노린재에 대한 의문을 대부분 풀고 있습니다. 녀석들은 여러 주(states)의 가정과 사무실을 침입해왔습니다.

노린재는 농가와 정원을 제외하고는 해를 끼치지 않습니다. 그리고 당신이 이를 내리칠 때만 불쾌한 냄새가 납니다.

지금까지 VOA 스페셜 잉글리시 경제 리포트였습니다. 구성은 마리오 리터(Mario Ritter)가 맡았으며, 본 방송의 대본과 MP3 파일 및 팟캐스트 자료는 voaspecialenglish.com에서 구할 수 있습니다. VOA 러닝 잉글리시에서 페이스북과 유튜브 및 아이튠스로도 저희와 함께 하시기 바랍니다. 저는 더그 존슨(Doug Johnson)입니다.

STEP 3   발음확인

▶ **economic**

품사에 따라 발음과 강세가 달라지는 전형적인 사례입니다.

{
- economy   [ikánəm(이카너미)]   명사: 경제
- economic   [ìkənámik(이커나믹)]   형용사: 경제의
}

{
- chaos   [kéiɑs(케이아스)]   명사: 혼돈
- chaotic   [keiátik(케이아릭)]   형용사: 혼란한
}

{
- academy   [əkǽdəmi(어케더미)]   명사: 학술
- academic   [æ̀kədémik(애커데믹]   형용사: 학술의
}

▶ **allergic**

흔히 "알레르기"라는 allergy의 형용사형입니다. 이 단어도 품사에 따라 강세의 위치와 발음이 달라집니다.

· allergy [ǽlərdʒi(앨러지)]   · allergic [ələ́:rdʒik(얼러직)]

STEP 4   다시 들으며 따라하기

원어민의 발음을 들으면서 끝까지 따라 읽습니다.

07
HISTORY
역사

07 1918년 11월 휴전협정

STEP 1 받아쓰기

STEP 2 내용확인

In November 1918, a Truce in World War

BOB DOUGHTY: Welcome to THE MAKING OF A NATION – American history in VOA Special English.

On November eleventh, nineteen eighteen, a truce was signed ending the hostilities of World War One. The Central Powers -- led by Germany -- had lost. The Allies -- led by Britain, France and the United States -- had won.

The war lasted four years. It took the lives of ten million people. It left much of Europe in ruins. It was described as "the war to end all wars."

This week in our series, Barbara Klein and Doug Johnson tell about President Woodrow Wilson and his part in events after the war.

Vocabulary Guide

- truce　　　　휴전
- sign　　　　서명하여 통과시키다
- hostilities　　전쟁
- power　　　강대국
- ally　　　　연합국

- last　　　　　　지속되다
- take the lives　　목숨을 앗아가다
- leave O in ruins　O를 잿더미로 만들다
- part　　　　　　역할

번역 TRANSLATION

VOA 스페셜 잉글리시의 미국 역사 프로그램「국가의 발전사」를 청취하시는 여러분을 환영합니다.

1918년 11월 11일 휴전협정이 통과되어 1차 대전의 적대감이 종식되었습니다. 독일이 주도하던 중심 강대국들은 패전했고 영국과 프랑스 및 미국이 이끈 연합군은 승리했습니다.

전쟁은 4년간 지속되었으며, 1,000만 명의 목숨을 앗아갔습니다. (또한) 유럽의 다수 지역을 잿더미로 만들었고 '모든 전쟁을 종식하는 전쟁'으로 묘사되기도 했습니다.

이번주 시리즈에서는 바버라 클라인과 더그 존슨이 우드로 윌슨(Woodrow Wilson) 대통령과 전후 사건에서 그가 감당했던 역할에 대해 말씀드립니다.

STEP 3 발음확인

▶ **was signed**
s는 한번만 발음합니다. [워싸인드]

> Brit[브륏] ("브륏잇"하면서 혀끝을 앞니 뒤편 잇몸 끝에 살짝 댑니다.
> 이 상태에서 혀를 움직이면 안 됩니다.)
>
>
>
> -ain(은) (혀는 잇몸에 그대로 붙인 채 바람을 코로 내보내면서
> "은"을 연결하면 됩니다.)

▶ **Britain [brítən]**
written과 발음현상이 같습니다.

▶ **in events**
우선 event는 강세가 2음절에 있으므로 1음절은 슈바현상이 일어납니다. 즉, [어벤트]가 되며 in과 e가 붙습니다.

[in + e] [vents] = [이너 벤츠]

▶ **allergic**
흔히 "알레르기"라는 allergy의 형용사형입니다. 이 단어도 품사에 따라 강세의 위치와 발음이 달라집니다.

STEP 4 다시 들으며 따라하기

원어민의 발음을 들으면서 끝까지 따라 읽습니다.

STEP 1　받아쓰기

STEP 2　내용확인

BARBARA KLEIN: The immediate task was to seek agreement on terms of a peace treaty. The Allies were filled with bitter anger. They demanded a treaty that would punish Germany severely. They wanted to make Germany weak by destroying its military and industry. And they wanted to ruin Germany's economy by making it pay all war damages. Germany, they said, must never go to war again.

President Woodrow Wilson of the United States did not agree completely with the other Allies. He wanted a peace treaty based on justice, not bitterness. He believed that would produce a lasting peace.

President Wilson had led negotiations for a truce to end the hostilities of World War One. Now, he hoped to play a major part in negotiations for a peace treaty. To be effective, he needed the full support of the American people.

Vocabulary Guide

- immediate task   급선무
- seek agreement   합의점을 찾다
- terms   조항
- peace treaty   평화조약
- be filled with   ~으로 가득차다
- bitter anger   극도의 분노
- severely   혹독하게
- military   군사력
- ruin   파괴하다
- damages   손해배상액
- agree with   ~와 의견이 같다
- based on   ~에 근거한
- justice   정의
- lasting peace   지속적인 평화
- lead-led-led   이끌다
- negotiation   협상
- play a part in   ~에 (중요한) 역할을 하다
- effective   효과적인
- support   지지

번역 TRANSLATION

바버라 클라인: 평화조약의 조항을 두고 합의를 구하는 것이 급선무였습니다. 연합국은 엄청난 분노로 가득했습니다. 그들은 독일을 엄벌에 처해야 한다는 조약을 요구했습니다. 그들은 군과 산업을 파괴함으로써 독일의 국력을 약화시키고, 전쟁 배상액을 전부 지급토록 함으로써 독일 경제를 무너뜨리길 바랐습니다. 그들은 독일이 두 번 다시 전쟁을 일으켜선 안 된다고 말했습니다.

미국의 우드로 윌슨 대통령은 다른 연합국과 의견이 완전히 같지는 않았습니다. 그는 원한이 아닌 정의에 근거를 둔 평화조약을 원했습니다. 그야말로 지속적인 평화를 만들어낼 거라고 그는 믿었습니다.

윌슨 대통령은 1차 대전의 반감을 종식시킬 휴전협상을 진행했습니다. 당시 그는 평화조약 협상에서 주도적인 역할을 감당하길 바랐습니다. 그러기 위해 그는 미국 국민의 전폭적인 지지가 필요했습니다.

STEP 3 　 발음확인

▶ **completely**

'separately'와 발음현상이 같습니다.

> complete [컴플릿]에서 혀끝은 앞니 뒤편 잇몸에 살짝 댑니다.
>
> ⇩
>
> -ly [(을)리] 이때 혀는 "리"를 발음할 때 떼야 합니다
> ("을"도 가만히 댄 채 소리 냅니다).

completely [컴플릿(을)리]

▶ **bitterness**

t 양옆에 모음이 있으므로 [비러(r)니스]가 됩니다.

STEP 4 　 다시 들으며 따라하기

원어민의 발음을 들으면서 끝까지 따라 읽습니다.

STEP 1 받아쓰기

STEP 2 내용확인

DOUG JOHNSON: Americans had supported Wilson's policies through most of the war. They had accepted what was necessary to win. This meant higher taxes and shortages of goods. At the time, Americans seemed to forget party politics. Democrats and Republicans worked together.

All that changed when it became clear the war was ending. Congressional elections were to be held in November, nineteen eighteen. President Wilson was a Democrat. He feared that Republicans might gain a majority of seats in Congress. If they did, his negotiating powers at a peace conference in Europe would be weakened. Wilson told the nation:

"The return of a Republican majority to either house of Congress would be seen by foreign leaders as a rejection of my leadership."

Vocabulary Guide

· policy	정책, 방침	· Republican	공화당원
· necessary	필요한	· Congressional election	의회선거
· tax	세금	· be held	개최되다
· shortage	부족	· fear	우려하다
· goods	상품, 재화	· gain a majority of seats	과반수 의석을 차지하다
· forget-forgot-forgotten	잊다	· Congress	의회
· party	정당	· rejection	거부
· politics	정치	· foreign leader	해외 정상
· Democrat	민주당원	· leadership	리더십, 지도력

번역 TRANSLATION

더그 존슨: 미국인들은 대부분의 전쟁 기간 동안 윌슨의 정책을 지지했습니다. 승리에 필요한 정책에 동조했는데 이는 세금인상과 재화부족으로 이어졌습니다. 당시 국민들은 정당 정치를 잊은 듯 보였습니다. 즉, 민주당과 공화당이 함께 힘을 합했다는 얘깁니다.

전쟁이 명백히 종식되자 모든 것이 달라졌습니다. 1918년 11월 의회 선거가 개최될 예정이었습니다. 윌슨 대통령은 민주당원이었습니다. 그는 공화당원이 과반수 의석을 차지할까봐 두려워했습니다. 혹시라도 그랬다면 유럽의 평화회담에서 그의 협상력은 약화됐을 것입니다. 윌슨은 국민에게 이렇게 이야기했습니다.

"상·하원에서 공화당이 다시 과반수를 차지한다면 해외 정상들은 (국민이) 제 리더십을 거부한 것으로 간주할 것입니다."

STEP 3 발음확인

▶ **had accepted**

accepted의 강세가 2음절에 있으므로 ac이 had와 붙고 "cepted"는 마치 독립된 것처럼 들립니다.

(had+ac) (cepted) = [해덕(혹은 해럭)] + [쎕티드]

▶ **negotiating**

"tia"는 중간에서는 [쉬에이]로, 끝에서는 [셔]로 발음하며, 마지막 t의 양 옆에 모음이 있으므로 [니고우쉬에이링]입니다.

- inertia   [iná:rʃiə] [이너(r)셔]   무력증
- initiate   [iníʃièit] [이니쉬에이트]   시작하다
- substantiate   [səbstǽnʃièit] [서브스땐쉬에이트]   입증하다
- satiate   [séiʃièit] [쎄이쉬에이트]   싫증나게 하다

STEP 4 다시 들으며 따라하기

원어민의 발음을 들으면서 끝까지 따라 읽습니다.

STEP 1　받아쓰기

STEP 2　내용확인

BARBARA KLEIN: Republicans protested. They charged that Wilson's appeal to voters was an insult to every Republican. One party leader said: "This is not the president's private war." The Republican campaign succeeded. The party won control of both the Senate and House of Representatives.

The congressional elections were a defeat for President Wilson. But he did not let the situation interfere with his plans for a peace conference. He and the other Allied leaders agreed to meet in Paris in January, nineteen nineteen.

Vocabulary Guide

· protest　　　　반박하다　　　　· Senate　　　　상원

· charge	주장하다	· House of Representatives	하원
· appeal	호소	· defeat	패배
· voter	유권자	· interfere with	~에 개입하다
· insult	모욕	· peace conference	평화회담
· private	개인적인	· Allied leader	연합국 정상
· campaign	선거전		

번역 TRANSLATION

바버라 클라인: 공화당원들은 반박했습니다. 그들은 유권자를 상대로 한 윌슨의 호소가 모든 공화당원에게는 무례한 언동이었다고 주장했습니다. 한 당수는 이렇게 말합니다. "이것은 대통령 개인의 전쟁이 아닙니다." 공화당원의 선거전은 성공했습니다. 공화당은 상원과 하원의 주도권을 잡았습니다.

의회 선거는 윌슨 대통령의 참패로 돌아갔습니다. 그러나 그는 당시 상황이 평화회담 계획에 개입하도록 내버려두진 않았습니다. 그와 여타 연합국 정상들은 1919년 1월 파리에서 회담을 갖는 데 동의했습니다.

STEP 3   발음확인

▶ **Republicans** [ripʌ́blikən] 공화당원
강세가 2음절에 있으므로 "Re"는 [리]에서 슈바현상에 의해 [러]나 [르]로 약해집니다.

▶ **agreed to**
[어그리드]와 [투]가 만나 과거형 "ed"는 발음이 들리지 않지만, 본문이 윌슨 대통령의 일화를 소개하고 있으므로 동사가 과거형이라는 것을 유추할 수 있습니다

STEP 4   다시 들으며 따라하기

원어민의 발음을 들으면서 끝까지 따라 읽습니다.

| STEP 1 | 받아쓰기 |

| STEP 2 | 내용확인 |

DOUG JOHNSON: In the weeks before the conference, Wilson chose members of his negotiating team. Everyone expected him to include one or more senators. After all, the Senate would vote to approve or reject the final peace treaty. Wilson refused. Instead, he chose several close advisors to go with him to Paris.

Today, American history experts say Wilson's decision was a mistake. Failure to put senators on the negotiating team, they say, cost him valuable support later on.

In early December, President Wilson sailed to France. The voyage across the Atlantic Ocean lasted nine days. He arrived at the Port of Brest on December thirteenth. Wilson felt very happy. Thirteen, he said, was his lucky number.

Vocabulary Guide

· senator	상원의원	· close advisor	가까운 보좌관
· after all	따지고 보면	· failure to +동사원형	~하지 않은 것
· approve	승인하다	· cost A B	A에게 B를 잃게 하다
· reject	거부하다	· later on	이후
· final	최종적인	· sail to+장소	배를 타고 ~로 가다
· choose-chose-chosen	선택하다	· voyage	여정

번역 TRANSLATION

더그 존슨: 회담이 있기 수 주전, 윌슨은 협상팀원을 뽑았습니다. 모두가 상원 1인 이상을 포함시키리라 예상했습니다. 따지고 보면, 상원이 최종적인 평화조약의 가부를 표결할 것이기 때문입니다. (하지만) 윌슨은 그러지 않았습니다. 대신 그와 함께 파리에 갈 측근 보좌관 몇 명을 선택했습니다.

오늘날 미국 역사 전문가는 윌슨의 판단이 잘못이었다고 말합니다. 협상팀에 상원의원들을 넣지 않았기에 훗날 귀중한 지지를 받지 못했다는 것입니다.

12월 초, 윌슨 대통령은 프랑스에 건너갔습니다. 대서양을 횡단하는 여정은 꼬박 9일이 걸렸습니다. 그는 12월 13일에 브레스트 항구(the Port of Brest)에 도착했습니다. 윌슨은 매우 기뻤습니다. 그는 13이 행운을 주는 숫자였다고 말합니다.

STEP 3 발음확인

▶ **cost him**
him의 "h"는 앞 단어와 연음될 때 사라지므로 [costim(코스팀)]처럼 발음됩니다.

▶ **Atlantic**
At+lan+tic으로 쪼개보면 2, 3음절에서는 '모음+자음+t+모음(anti)'순이므로 t가 앞 자음과 동화됩니다. 이를 순차적인 과정으로 나타내자면 다음과 같습니다.

> At [앳]에서 혀끝은 앞니 뒤편 잇몸에 살짝 댑니다.
>
> lan [(을)랜] 이때 혀는 "랜"을 발음할 때 떼야 합니다
> ("을"도 가만히 댄 채 살짝 냅니다).
>
> tic [닉] t가 탈락됩니다.

아래 단어를 읽어보세요.

- completely [컴플릿(을)리]
- brightly [브라잇(을)리]
- greatly [그레잇(을)리]
- separately [쎄퍼럿(을)리]

* **들릴 것 같지만 안 들리는 "h"대명사 he, him, his, her을 비롯하여 조동사 have, has, 부사 here 등의 h는 약화되면서 거의 들리지 않습니다. 그런데다 연음까지 되므로 듣기가 쉽지 않으니 반복해서 연습하세요.**

- don't tell her [돈 텔러(r)]
- bring him [브링엄]
- cost him [커스팀]
- come over here [컴 오버리어(r)]

STEP 4 다시 들으며 따라하기

원어민의 발음을 들으면서 끝까지 따라 읽습니다.

STEP 1　받아쓰기

STEP 2　내용확인

BARBARA KLEIN: French citizens stood along the railroad that carried him from Brest to Paris. They cheered as his train passed. In Paris, cannons were fired to announce his arrival. And a huge crowd welcomed him there. The people shouted his name over and over again -- Wilson! Wilson! Wilson! The noise sounded like thunder. French Premier Georges Clemenceau commented on the event. He said: "I do not think there has been anything like it in the history of the world."

People cheered President Wilson partly to thank America for sending its troops to help fight against Germany. But many French citizens and other Europeans also shared Wilson's desire to establish a new world of peace.

They listened with hope as he made an emotional speech about a world in which everyone would reject hatred -- a world in which everyone would join together to end war, forever.

Vocabulary Guide

· railroad	철도	· troop	군대
· cheer	환호하다	· citizen	시민
· cannon	대포	· desire	욕망
· fire	발사하다	· make a speech	연설하다
· huge crowd	대규모 인파	· hatred	증오
· sound like	~처럼 들리다	· forever	영원히
· comment on	~에 대해 말하다		

번역 TRANSLATION

바버라 클라인: 프랑스 시민들은 브레스트에서 파리까지 그를 운송한 (열차의) 철도를 따라 서 있었습니다. 열차가 지나가자 그들은 환호했습니다. 파리에서는 대포를 쏘아 그의 도착을 알렸고 거대한 인파가 현장에서 그를 환영했습니다. 사람들은 그의 이름을 몇 번이고 외쳤습니다. "윌슨! 윌슨! 윌슨!" 함성소리는 천둥처럼 들렸습니다. 조르주아 클레멩소(Georges Clemenceau) 프랑스 총리는 당시 상황을 이렇게 이야기합니다. "세계 역사상 이런 일이 있었던 적은 없었던 것 같습니다."

사람들이 윌슨 대통령을 환호한 이유 중 하나는 미국이 군대를 보내 독일과의 전쟁을 도운 데 대해 감사하기 위해서였습니다. 한편, 프랑스 시민과 여타 유럽인 역시 평화의 신세계를 확립하려는 윌슨의 희망을 함께 가졌습니다. 모두가 증오를 거부하는 세상, 즉, 모두가 협력하여 전쟁을 영원히 끝내려는 세상에 대해 그가 감정에 복받친 연설을 할 때 그들은 희망을 갖고 경청했습니다.

STEP 3 발음확인

▶ **stood**
st + 모음에서 t는 된소리가 됩니다. [스뚜드]

STEP 3 발음확인

· stains [스떼인즈]   · style [스따일]   · story [스또리]
· sting [스띵]   · stay [스떼이]

▶ **an emotional**
부정관사 an은 [언]과 [앤]으로 읽을 수 있고, emotional은 강세가 2음절에 있으므로 "an"과 "e"가 결합되어 motional이 마치 독립된 단어처럼 들립니다. 그런데 "e"는 강세가 없으므로 [이]보다는 [어]나 [으]에 가깝게 발음합니다.

(an+e)+(motional) [애너]+[모우셔널]

STEP 4 다시 들으며 따라하기

원어민의 발음을 들으면서 끝까지 따라 읽습니다.

STEP 1 받아쓰기

STEP 2 내용확인

DOUG JOHNSON: More than twenty-five nations that helped win the war sent representatives to the peace conference in Paris. All took part in the negotiations.

However, the important decisions were made by the so-called "Big Four": Prime Minister David Lloyd-George of Britain, Premier Georges Clemenceau of France, Premier Vittorio Orlando of Italy, and President Woodrow Wilson of the United States.

Wilson hoped the other Allied leaders would accept his plan for a new international organization. The organization would be called the League of Nations.

Wilson believed the league could prevent future wars by deciding fair settlements of disputes between nations. He believed it would be the world's only hope for a lasting peace.

Vocabulary Guide

· Premier	총리	· by ~ing	~함으로써
· accept	승인하다	· fair settlements	공정한 합의
· international organization	국제기구	· dispute	분쟁
· the League of Nations	국제연맹	· only hope	유일한 희망

번역 TRANSLATION

바버라 클라인: 전쟁의 승리를 도운 25개국 이상이 파리 평화회담에 대표단을 보냈습니다. 모두가 협상에 참여했습니다.

그러나 중요한 결정은 '빅 포(Big Four, 주요 4국 정상)'라 불리는, 데이비드 로이드-조지(David Lloyd-George) 영국 총리와 조르주아 클레멩소(Georges Clemenceau) 프랑스 총리, 비토리오 올란도(Vittorio Orlando) 이탈리아 총리 및 우드로 윌슨 미국 대통령이 내렸습니다.

윌슨은 연합국 정상들이 새로운 국제기구에 대한 그의 계획을 받아들이길 원했습니다. 이 기구의 명칭은 국제연맹(the League of Nations)이었습니다.

윌스은 국제연맹이 국가간 분쟁의 공정한 합의를 결정함으로써 앞으로의 전쟁을 예방할 수 있을 거라고 믿었으며, 그야말로 지속적인 평화에 대한 전 세계의 유일한 희망이라고 확신했습니다.

STEP 3 발음확인

▶ **hoped the**

[홉트]와 [디(모음 앞에 왔으므로 "디")]가 연음되면서 [홉디("th"는 무조건 혀를 뺍니다)]가 됩니다.

▶ **settlements [쎄를먼츠]**

'모음+t(t)+l+모음'에서도 t가 약화되어 [r]처럼 읽습니다.

- little [(을)리를]
- fif+teen [피프틴(15)]
- battle [빼를]
- cattle [캐를]

STEP 4 다시 들으며 따라하기

원어민의 발음을 들으면서 끝까지 따라 읽습니다.

STEP 1 받아쓰기

STEP 2 내용확인

BARBARA KLEIN: Most of the other representatives did not have Wilson's faith in the power of peace. Yet they supported his plan for the League of Nations. However, they considered it less important than completing a peace treaty with Germany. And they did not want to spend much time talking about it. They feared that negotiations on the league might delay the treaty and the rebuilding of Europe.

Wilson was firm. He demanded that the peace treaty also establish the league. So, he led a group at the conference that wrote a plan for the operation of the league. He gave the plan to the European leaders to consider. Then he returned to the United States for a brief visit.

Vocabulary Guide

· representative	대표	· rebuilding	재건
· faith in	~에 대한 믿음	· firm	단호한
· yet	그러나	· operation	운영
· less important than	~보다 덜 중요하다	· return to	~로 복귀하다
· delay	미루다	· brief	짧은

번역 TRANSLATION

더그 존슨: 다른 대표단의 대부분은 평화의 힘을 윌슨만큼 믿지는 않았습니다만, 국제연맹에 대한 그의 계획은 지지했습니다. 그러나 그들은 국제연맹이 독일과의 평화조약을 매듭짓는 것보다는 덜 중요하다고 생각했습니다. 또한 그들은 이를 거론하는 데 많은 시간을 보내고 싶진 않았습니다. 국제연맹에 대한 협상이 조약과 유럽 재건을 미룰까봐 우려했던 것입니다.

윌슨은 입장이 단호했습니다. 그는 평화조약이 국제연맹도 확립해야 한다고 요구했습니다. 그래서 그는 회담에서 국제연맹 운영에 대한 계획을 작성한 그룹을 이끌었습니다. 그는 참작을 위해 유럽 정상들에게 계획을 제출했습니다. 그러고는 미국에 잠깐 들렀습니다.

STEP 3 발음확인

▶ **faith**

혹시 "face"로 들었다면 아직 "th"발음이 익숙하지 않아서 그럴 것입니다. th는 무조건 혀를 빼야 합니다. 혀를 약간만 빼서 윗니 중앙에 살짝 댔다가 뒤로 빼면서 [써]나 [더]로 발음합니다. 사실 우리말로는 표기할 방법이 없으므로 그냥 [써]로 쓰지만 소리는 아주 다릅니다.

▶ **less important**

important의 강세가 2음절에 있으므로 less와 im이 붙고 portant는 따로 발음하는 듯 들립니다. 이때 "im"은 악센트가 없기 때문에 슈바현상이 적용되면 [엄]이나 [음]이 되어 [엄포(r)은트]가 됩니다.

(less+im) + (portant) = [레썸] + [포(r)은트]

▶ **led a group**

t뿐 아니라 d도 양 옆에 모음이 오거나 연음되면 [r]처럼 발음합니다.

le + da + group = [레러그룹]

STEP 4   다시 들으며 따라하기

원어민의 발음을 들으면서 끝까지 따라 읽습니다.

STEP 1 받아쓰기

STEP 2 내용확인

DOUG JOHNSON: President Wilson soon learned that opposition to the League of Nations existed on both sides of the Atlantic Ocean. Many Americans opposed it strongly. Some Republican senators began criticizing it even before Wilson's ship reached the port of Boston.

The senators said the plan failed to recognize America's long-term interests. They said it would take away too many powers from national governments. Thirty-seven senators signed a resolution saying the United States should reject the plan for the League of Nations. That was more than the number of votes needed to defeat a peace treaty to which, Wilson hoped, the league plan would be linked.

Vocabulary Guide

- learn — (모르던 사실을) 알게 되다
- opposition to — ~에 대한 반대
- exist — 있다
- the Atlantic Ocean — 대서양
- strongly — 강력히
- recognize — 인정하다
- long-term interest — 장기적인 국익
- take away — 빼앗다
- resolution — 결의안
- be linked — 결부되다

번역 TRANSLATION

바버라 클라인: 얼마 후 윌슨 대통령은 미국과 유럽에 국제연맹을 반대하는 세력이 있다는 것을 알게 되었습니다. 많은 미국인들이 이를 강하게 반대했습니다. 몇몇 공화당 상원의원은 윌슨이 탄 배가 보스턴 항을 도달하기도 전에 이를 비난하기 시작했습니다.

그 계획은 미국의 장기적인 이익을 인정하지 않는 것이라고 상원의원들은 말했습니다. 그들은 그것이 정부들로부터 많은 권력을 빼앗아갈 거라고 덧붙였습니다. 상원의원 37명은 미국이 국제연맹에 대한 계획을 거부해야 한다는 결의안을 통과시켰습니다. 이는 윌슨이 희망했던 국제연맹 계획과 관련된 평화조약을 무효로 하는 데 필요한 표결수보다 더 많았습니다.

STEP 3 발음확인

▶ **learned that**

[런드]+[댓] = [(을)러냇] (th는 무조건 혀를 빼서 발음해야 합니다.)
앞서 이야기했듯이, 과거형 어미 "ed"는 들리지 않습니다.

▶ **linked [(을)링트]**

우선 과거형(분사)어미 "ed"는 [k(크)] 뒤에서 [트]처럼 들리고 그 앞의 nk는 받침 'ㅇ'이 되면

서 사라집니다. "링트" 앞에 (을)을 넣은 이유는 r과 l을 구별해야 하기 때문이며, (을)은 소리를 내라는 것이 아니라 입모양을 그렇게 하고 내면 "l"에 가까워진다는 뜻입니다.

- funked [펑트] 움츠리다
- thanked [쌩트] 감사하다

STEP 4 다시 들으며 따라하기

원어민의 발음을 들으면서 끝까지 따라 읽습니다.

STEP 1　받아쓰기

STEP 2　내용확인

BARBARA KLEIN: The Senate resolution hurt Wilson politically. It was a sign to the rest of the world that he did not have the full support of his people. But he returned to Paris anyway. He got more bad news when he arrived.

Wilson's top advisor at the Paris peace conference was Colonel Edward House. Colonel House had continued negotiations while Wilson was back in the United States.

House agreed with Wilson on most issues. Unlike Wilson, however, he believed the Allies' most urgent need was to reach agreement on a peace treaty with Germany. To do this, House was willing to make many more compromises than Wilson on details for the League of Nations.

Vocabulary Guide

- full support — 전폭적인 지지
- anyway — 어찌됐든
- Colonel — 대령
- while — ~동안
- most issues — 대부분의 현안
- urgent need — 급선무
- be willing to+동사원형 — 기꺼이 ~하다
- make a compromise — 타협하다
- detail — 세부조항

번역 TRANSLATION

더그 존슨: 상원의 결의안은 윌슨에게 정치적인 상처를 입혔으며, 세인에게는 그가 국민의 전폭적인 지지를 받지 못한다는 인상을 주기도 했습니다. 하지만 어찌됐든 그는 파리로 돌아왔습니다. 그가 도착하자 나쁜 소식이 더 많이 들렸습니다.

파리평화회담에 참석한, 윌슨의 수석 보좌관은 에드워드 하우스(Edward House) 대령이었습니다. 하우스 대령은 윌슨이 귀국할 동안 협상을 계속 했습니다.

하우스는 대부분 현안을 두고 윌슨과 의견이 같았습니다. 하지만 윌슨과 달리 그는 연합국의 급선무가 독일과의 평화조약에 대한 합의라고 믿었습니다. 이를 위해 하우스는 국제연맹에 대한 세부조항을 두고 윌슨보다 더 많은 타협점을 찾았습니다.

STEP 3 발음확인

▶ **Colonel** [kə́ːrnəl]
가운데 l은 발음하지 않습니다. [커널]

▶ **back in the United**

United의 [유]는 '반자음'이나 '반모음'이 되므로 the는 [더]와 [디]가 모두 가능합니다. 본문은 [디]라고 했는데 여기서 th(ð)를 발음할 때 혀를 빼서 윗니에 댔다가 떼면서 발음하면 [디]가 아니라 [니]에 가깝게 들립니다.

```
back in the United [빽 낀니 유나이릿]
```

STEP 4 다시 들으며 따라하기

원어민의 발음을 들으면서 끝까지 따라 읽습니다.

STEP 1   받아쓰기

STEP 2   내용확인

DOUG JOHNSON: Wilson was furious when he learned what House had done. He said: "Colonel House has given away everything I had won before I left Paris. He has compromised until nothing remains. Now I have to start all over again. This time, it will be more difficult." For Woodrow Wilson, the most difficult negotiations still lay ahead.

That will be our story next week.

BOB DOUGHTY: Our program was written by Frank Beardsley. The narrators were Barbara Klein and Doug Johnson.

You can find our series online with transcripts, MP3s, podcasts and images at voaspecialenglish.com. You can also follow us on Facebook and Twitter at VOA Learning English. Join us again next week for THE MAKING OF A NATION -- an American history series in VOA Special English.

Vocabulary Guide

- furious — 분노한
- give away — 거저 나눠주다, 놓치다
- remain — 남다
- lie(-lay-lain) ahead — 앞에 놓여있다
- narrator — 내레이

번역 TRANSLATION

바버라 클라인: 윌슨은 하우스가 한 일을 알게 되자 분노했습니다. "하우스 대령은 내가 파리를 떠나기 전에 이뤄놓은 모든 것을 놓쳐버렸군. 아무것도 남지 않을 때까지 타협했으니, 이제부터라도 내가 다시 시작해야겠네. 이젠 상황이 더 어려워질 걸세."라고 그는 말했습니다. 우드로 윌슨에게 가장 어려운 협상이 기다리고 있었습니다.

그 이야기는 다음 주에 계속 됩니다.

밥 도티: 저희 프로그램은 구성 프랭크 비어즐리(Frank Beardsley), 내레이터 바버라 클라인과 더그 존슨.

저희 인터넷 시리즈 기사의 대본과 MP3 파일, 팟캐스트 및 이미지는 voaspecialenglish.com에서 확인하실 수 있습니다. VOA 러닝 잉글리시 들어오시면 페이스북과 트위터를 이용하실 수 있습니다. 다음 주에도 VOA 스페셜 잉글리시의 미국 역사 프로그램 「국가의 발전사」를 애청해 주시기 바랍니다.

STEP 3 발음확인

▶ **House has given [하우쎄즈 기븐]**
has의 "h"는 연음되면서 사라집니다.

STEP 4 다시 들으며 따라하기

원어민의 발음을 들으면서 끝까지 따라 읽습니다.

08
HEALTH
건강

08 흡연, 이제 그만합시다

STEP 1 받아쓰기

STEP 2 내용확인

World Health Officials Consider New Tobacco Control Measures

This is the VOA Special English Health Report.

Delegates from around the world are meeting this week in Uruguay to consider new ways to control tobacco. A World Health Organization treaty called the Framework Convention on Tobacco Control took effect five years ago. More than one hundred seventy governments have signed it.

The treaty requires a number of efforts like raising tobacco prices, restricting advertising and banning sales to children.

Vocabulary Guide

· delegate	대표자	· effort	노력
· control tobacco	담배를 규제하다	· like	예를 들면
· World Health Organization	세계보건기구(WHO)	· raise	인상하다
· treaty	조약	· restrict	규제하다
· convention	대회	· advertising	광고
· take effect	시행되다	· ban	금지하다
· a number of	수많은	· sale	판매

번역 TRANSLATION

VOA 스페셜 잉글리시 건강 리포트 시간입니다.

전 세계 대표단은 이번 주 우루과이에 모여 흡연을 규제할 새로운 방안을 모색할 것입니다. 일찍이 5년 전에는 세계보건기구의 '흡연규제에 관한 프레임워크 컨벤션' 조약이 시행되었고 170개 정부가 이를 승인했습니다.

이 조약은 담배가격을 인상하고 광고를 규제하며 미성년자에게는 판매를 금지하는 등, 많은 조치를 요구합니다.

STEP 3 발음확인

▶ **took effect**

effect의 강세는 2음절. 따라서 took과 "e"가 만나고 "ffect"는 떨어진 듯 들립니다. 그리고 "k"는 된소리가 나서 "ㄲ"으로 발음합니다. 이때 'e'는 강세가 없으므로 슈바현상에 의해 '으'나 '어'로 약화됩니다.

(took+e) + (ffect) = [투꺼] + [팩트]

STEP 4 다시 들으며 따라하기

원어민의 발음을 들으면서 끝까지 따라 읽습니다.

STEP 1 받아쓰기

STEP 2 내용확인

These high school students recently protested against tobacco companies at a trade show in Jakarta. Indonesia has not signed the international treaty. But its Health Ministry proposes to ban all forms of cigarette advertising.

An official at the Indonesian Tobacco Alliance says his trade group agrees with banning all activities to promote cigarettes to the young. But he says tobacco companies should be able to market their products to adults, just like any other legal product.

Vocabulary Guide

· recently	최근	· trade group	무역그룹
· protest	항의하다	· promote	홍보하다

· trade show	무역박람회	· the young	젊은이들
· Health Ministry	보건부	· market	판매하다
· official	관리	· legal product	합법적인 상품
· Alliance	연합		

번역 TRANSLATION

이 고교생들은 최근 자카르타에서 개최된 무역박람회에서 담배회사에 항의했습니다. 인도네시아는 이 국제조약을 비준하지 않았습니다만 보건부는 담배광고 일체를 금지하자는 안건을 내놓았습니다.

인도네시아 토바코 얼라이언스(the Indonesian Tobacco Alliance)의 한 관계자는 무역그룹이 청소년을 대상으로 한 담배 홍보활동을 전면 금지하는 데 의견을 모았다고 전했습니다. 그러나 담배업체는 여느 합법적인 제품처럼 성인에게는 담배를 판매할 수 있어야 한다고 그는 덧붙였습니다.

STEP 3 발음확인

▶ **against tobacco**

tobacco의 강세도 2음절에 있습니다. 따라서 against와 to가 붙어야 하는데 공교롭게도 t가 겹치므로 [againsto(어겐스터)]가 될 것입니다. 그러고 나서 [bacco(배코)]가 뒤를 잇습니다.

(against+to) + (bacco) = [어겐스터] + [베코]

▶ **has not signed the**

signed의 "ed"와 "the"는 엄연히 다른 발음이지만 앞의 [ed(드)]는 탈락되어 [signed the(싸인디)]로 연음됩니다. "have"동사가 있다는 것으로 미루어 'have+pp'구문이므로 과거분사 signed는 충분히 유추할 수 있습니다.

STEP 4 다시 들으며 따라하기

원어민의 발음을 들으면서 끝까지 따라 읽습니다.

| STEP 1 | 받아쓰기 |

| STEP 2 | 내용확인 |

Tobacco growers are also concerned about several measures proposed at this week's meeting in Uruguay. One would ban additives traditionally used with "burley" tobacco. This kind of tobacco is grown extensively in Africa and used extensively in American-style cigarettes that are popular worldwide.

Antismoking groups say the proposal is aimed against flavorings like chocolate, licorice and sugar. The director of the Tanzania Tobacco Control Forum points out that several American brands still use burley tobacco but without additives.

Vocabulary Guide

- Tobacco grower — 담배 재배업자
- be concerned about — ~을 우려하다
- measures — 조치
- additive — 첨가물
- traditionally — 대대로
- extensively — 광범위하게
- antismoking group — 금연단체
- be aimed against — ~겨냥하다
- flavoring — 향신료
- licorice — 감초
- director — 감독, 의장
- point out — 지적하다

번역 TRANSLATION

담배 재배업자 또한 이번 주 우루과이에서 내놓은 몇 가지 조치에 대해 우려하고 있습니다. 어느 조치에는 '벌리(burley, 켄터키·오하이오 남부 지방에서 나는 담배—옮긴이)'와 함께 대대로 쓰던 첨가물 (사용)을 금지한다는 규정이 있기 때문입니다. 이런 종류의 담배는 아프리카에서 널리 재배되며 세계적인 인기를 누리고 있는 미국식 시거(cigarette)에 널리 쓰이고 있습니다.

금연단체는 이 안건이 초콜릿과 감초 및 설탕 같은 향신료를 겨냥한 것이라고 말합니다. (한편) 탄자니아 흡연규제포럼 의장이 지적한 바에 따르면, 일부 미국 브랜드는 첨가물을 쓰진 않지만 벌리 담배를 버젓이 쓰고 있다고 합니다.

STEP 3 발음확인

▶ **aimed against**

앞서 언급했듯이, against는 강세가 2음절에 있으므로 ed와 a가 붙고 gainst는 독립된 듯 발음합니다.

(aimed+a) + (gainst) = [에임더] + [겐스트]

STEP 4 다시 들으며 따라하기

원어민의 발음을 들으면서 끝까지 따라 읽습니다.

STEP 1   받아쓰기

STEP 2   내용확인

But economists at NKC, a South African research group, say the guidelines would affect the lives of millions of Africans who depend on tobacco farming. The report says nearly four million people in Mozambique, Uganda, Zambia and Zimbabwe would be most seriously affected.

Since June, the United States has banned cigarette companies from using misleading terms like "light," "mild" and "low tar."

Vocabulary Guide

· research group	리서치 그룹	· nearly	대략
· economist	경제학자	· seriously	심각하게
· guideline	가이드라인	· ban A from ~ing	A가 !하는 것을 금지하다

· affect	피해를 주가	· misleading	오해를 불러일으키는
· depend on	~에 의존하다	· terms	문구
· tobacco farming	담배농사		

번역 TRANSLATION

그러나 남아프리카 연구단체 NKC 경제학자들은 이 가이드라인이 담배농사에 의존하는 수백만 아프리카인의 생계에 타격을 줄 거라고 말합니다. (이를테면), 모잠비크와 우간다, 잠비아 및 짐바브웨의 400만 명이 심각한 피해를 입을 거라고 보고서는 추정합니다.

6월 이후, 미국은 담배제조업체를 상대로 '라이트'와 '마일드' 및 '저타르'와 같이 소비자를 현혹하는 문구사용을 금지해왔습니다.

STEP 3 발음확인

▶ **would affect**

조동사 과거형(would, should, could, might)에서 "l"과 "gh"는 묵음(발음하지 않는 철자)이므로 [웃, 슛, 쿳, 마잇]으로 발음합니다.

"affect"는 속도가 조금만 붙어도 "effect"와 똑같이 들립니다. 차이를 거의 느낄 수 없으므로 문맥으로 따져야 하는데 본문에서 조동사(would)가 나온 것으로 미루어 동사원형(affect)이 뒤따른다는 것을 짐작할 수 있을 것입니다(effect는 명사). 또한 affect는 강세가 2음절에 있으므로 "would"와 "a"가 만나고 "ffect"는 따로 들립니다.

그런데 wou(l)d와 a가 만나면서 d의 양쪽에 모음 "ou"와 "a"가 오므로 d는 [r]로 발음이 부드러워집니다.

(would+a) + (ffect) = [우러] + [팩트]

STEP 4 다시 들으며 따라하기

원어민의 발음을 들으면서 끝까지 따라 읽습니다.

STEP 1　받아쓰기

STEP 2　내용확인

Last week, federal health officials announced new actions to control tobacco. These include proposals to require larger health warnings on cigarette packages and advertisements.

Officials also want to require new "graphic health warnings" within two years. Proposals include a picture of a woman blowing smoke in a baby's face, and an image of diseased lungs next to healthy lungs.

You can find a link to all of the proposed images at voaspecialenglish.com.

And that's the VOA Special English Health Report. I'm Steve Ember.

Vocabulary Guide

· federal health official	연방보건관리	· blow	불다
· action	시행령	· diseased	병든
· warning	경고문	· lungs	폐
· package	담뱃갑	· next to	~옆에
· graphic	생생한	· healthy	건강한

번역 TRANSLATION

지난 주, 연방 보건 관계자들은 담배규제에 관한 신규 시행령을 발표했습니다. 여기에는 담뱃갑과 광고지에 넣는 건강 경고 문구의 크기를 키워야 한다는 안건도 들었습니다.

또한 관계자들은 새로운 '생생한 건강 경고 메시지'를 2년 내에 의무적으로 게재토록 할 방침입니다. 여러 안건 중에는 아기 얼굴 모양의 담배연기를 내쉬는 여성의 사진과 건강한 폐와 병든 폐를 나란히 비교하는 이미지도 있습니다.

voaspecialenglish.com에 접속하시면 건의한 이미지 링크를 모두 찾을 수 있습니다.

이 방송은 VOA 스페셜 잉글리시 건강 리포트이며, 저는 스티브 앰버입니다.

STEP 3 발음확인

▶ **diseased lungs**

    아마 diseased를 disease라고 들은 분들이 많은 듯싶습니다. 과거분사 어미 'ed'는 소리만으로는 파악하기가 아주 힘들기 때문입니다. 어휘와 문법적인 지식을 동원한다면 어렵지 않게 유추할 수 있을 것입니다. 본문은 '병에 걸린 폐'와 건강한 폐를 대비해서 보여준다는 내용이므로 동사 disease(병들게 하다)의 수동형용사(과거분사)인 'diseased(병든)'이 정확한 표현입니다.

STEP 4 다시 듣으며 따라하기

원어민의 발음을 들으면서 끝까지 따라 읽습니다.

09
TECHNOLOGY
기술

09 훨씬 편리해진 웹세상

> **STEP 1** 받아쓰기

> **STEP 2** 내용확인

Making the World Wide Web More Usable to a Wider World

This is the VOA Special English Technology Report.

The world has almost seven billion people. At least two billion are expected to be on the Internet by January. New growth is mostly from developing countries. Yet only twenty-one percent of their population is online.

A group called the World Wide Web Foundation is working to make the Web more usable to more of the world.

Vocabulary Guide

· usable	이용할 수 있는	· growth	증가
· almost	거의	· foundation	재단
· at least	최소		

번역 TRANSLATION

VOA 스페셜 잉글리시 테크놀로지 리포트 시간입니다.

전 세계 인구는 약 70억 정도 됩니다. 그리고 1월께는 최소 20억이 인터넷에 접속할 것으로 보입니다. 새로운 증가세는 대부분 개도국에서 나왔지만 그들 역시 인구의 21퍼센트만이 인터넷을 활용하고 있습니다.

'월드와이드웹 재단(the World Wide Web Foundation)'이라는 단체는 웹이 더 많은 국가에서 사용될 수 있도록 노력하고 있습니다.

STEP 3 발음확인

▶ **tech/nology**

[태크날러지]가 아닙니다. 이를 분해해보면 tech+no+lo+gy(4음절)인데, ch와 no! 사이에는 모음이 없습니다. 음절은 모음으로 구분합니다. 따라서 모음이 없는 ch를 [크]라고 발음하면 단어의 음절이 [태/크/날/러/지] 5개로 늘어납니다. 우리말로 정확히 표기할 수는 없지만 [택날러지]가 얼추 맞을 듯싶습니다. "택"에서 뭔가 끊겼다는 느낌을 주면서 발음하면 좀 더 정확히 읽을 수 있습니다.

▶ **developing**

[p]를 된소리("ㅃ")로 발음합니다. [디벨러삥]

· stopping [스타삥]
· tapping [태삥]
· sipping [씨삥]
· pumping [펌삥]

STEP 4 다시 들으며 따라하기

원어민의 발음을 들으면서 끝까지 따라 읽습니다.

STEP 1 받아쓰기

STEP 2 내용확인

Tim Berners-Lee is the British computer scientist who invented the World Wide Web. He announced the launch of the Web Foundation last November.

The group says many people can access the Web but are unable to use it. The biggest reason is illiteracy.

The latest United Nations report says almost eight hundred million adults are unable to read or write. Even for those who can read, much of the information that is available on the Web is not in a language they can understand.

Vocabulary Guide

· invent	발명하다	· latest	최근의
· launch	출범	· United Nations	유엔
· access	접근하다	· in a language	언어로 쓰여진
· be unable to+동사원형	~ 할 수 없다	· available	이용 가능한
· illiteracy	문맹		

번역 TRANSLATION

팀 버너스 리(Tim Berners-Lee)는 월드와이드웹을 발명한 영국 컴퓨터공학자입니다. 그는 작년 11월 웹 재단의 출범을 발표했습니다.

재단은 많은 사람들이 웹에 접속할 수는 있으나 이를 활용할 줄은 모른다고 이야기합니다. 가장 유력한 까닭은 문맹 때문입니다.

최근 유엔 보고서는 성인 8억 명이 글을 읽거나 쓸 줄 모른다고 밝혔습니다. 설령 글을 읽을 수 있는 성인이라도 웹에서 이용할 수 있는 정보 대다수는 그들이 이해할 수 있는 언어로 쓰여 있지 않습니다.

STEP 3 발음확인

▶ **last November**

last 다음에 모음이 나오지 않는 한 "t"는 거의 들리지 않습니다(모음이 나와도 들리지 않을 수 있습니다).

- last christmas [(을)래스 크리스머스]
- last castle [(을)래스 캐쓸]
- last man [(을)래스 맨]
- last november [(을)래스 노벰버(r)]

STEP 4 　다시 듣으며 따라하기

원어민의 발음을 들으면서 끝까지 따라 읽습니다.

STEP 1 받아쓰기

STEP 2 내용확인

Steve Bratt is chief executive of the Web Foundation.

STEVE BRATT: "If you're a poor shopkeeper living in a very impoverished part of Botswana and you're trying to feed your family, trying to buy and sell goods, trying to get medical services for your kids or your employees, and you speak a local language, there's nothing on today's Web that's going to help you, right?

"So even if they had connectivity and they had a mobile phone, or something they could get to the Web, what would they look for? What would they be able to understand?"

Vocabulary Guide

· chief executive	최고경영자	· employee	직원
· shopkeeper	가게 주인	· local language	현지 언어
· impoverished	피폐한	· even if	설령 ~일지라도
· feed	부양하다	· connectivity	연결, 접속
· medical service	의료서비스	· mobile phone	휴대폰

번역 TRANSLATION

스티브 브래트는 웹 재단의 최고경영자입니다.

스티브 브래트: 여러분이 보츠와나의 피폐한 지역에 사는 가난한 상인이라고 칩시다. 여러분은 가족을 부양하고, 물건을 팔고 사고, 아이와 직원을 위해 의료서비스도 받아야 하는데 현지 언어를 쓰고 있다면 요즘 인터넷에서 쓸 만한 것은 찾을 수가 없습니다. 그렇죠?

설령 접속이 가능하고, 휴대폰이나 웹에 접속할 수 있는 무언가가 있다손 치더라도 무엇을 찾을 것이며 어떤 글을 이해할 수 있겠습니까?

STEP 3 발음확인

▶ chief executive

executive는 t의 양측에 모음이 있으므로 [이그제큐리브]라고 읽습니다만 성우는 비교적 분명히 [-큐티브]라고 발음합니다. 초보자를 배려하려는 뜻으로 그런 것 같습니다. 앞서 여러 번 다루었듯이, 2음절에 강세를 둔 executive의 첫 음절(ex)은 chief와 결합됩니다. 또한 x에는 받침[g]와 [z]가 모두 들어있다는 점도 감안해야 합니다.

$$(chief+ex) + (ecutive) = [취피ㄱ] + [제큐리(티)브]$$

▶ **feed your**
"-d"와 "you"가 만나면 [쥬]처럼 들립니다.

- need you [니쥬]
- hold you [쥬]
- bind you [바인쥬]
- lead you [(을)리쥬]
- behind you [버하인쥬]

▶ **that's going to**
"be going to"는 속도가 붙으면 [비 거너]로 단축되어 들립니다.

that's going to~ [댓츠 거너]

비슷한 예로 "something"은 [썸쓴] 정도로 발음합니다만 항상 그렇진 않습니다.

STEP 4   다시 들으며 따라하기

원어민의 발음을 들으면서 끝까지 따라 읽습니다.

STEP 1 받아쓰기

STEP 2 내용확인

Tim Berners-Lee first proposed the idea for the World Wide Web in nineteen eighty-nine. This was twenty years after Americans developed the first version of what we know as the Internet.

The Internet is a network of networks. It lets millions of computers communicate with each other. The Web is a major part. However, people now often use applications that are not Web-based, like on social networks and mobile devices like the iPhone.

Vocabulary Guide

· communicate	소통하다	· Web-based	웹기반
· each other	서로	· mobile devices	휴대용 단말기
· major	주된		

번역 TRANSLATION

1989년 팀 버너스 리는 최초로 월드와이드웹에 관한 아이디어를 제안했습니다. 미국인이 '인터넷' 첫 버전을 개발한 지 20년이 지난 그때 말입니다.

인터넷이란 네트워크의 네트워크를 일컫습니다. 즉, 수백만 대의 컴퓨터가 서로 정보를 교류하게 한다는 얘깁니다. 웹이 가장 중요한 역할을 합니다. 그러나 사람들은 요즘 소셜 네트워크를 비롯하여 아이폰과 같은 모바일 단말기 등, 웹기반이 아닌 애플리케이션을 사용하는 경우가 비일비재합니다.

STEP 3　발음확인

▶ **mobile**

아나운서는 [모블]이라고 읽었습니다만 [모바일]도 가능합니다. **mo**+bile의 강세가 1음절에 있으므로 **[il(일)]에서 슈바현상**이 일어납니다. 그래서 [모블]로 발음합니다.

STEP 4　다시 들으며 따라하기

원어민의 발음을 들으면서 끝까지 따라 읽습니다.

STEP 1 받아쓰기

STEP 2 내용확인

Tim Berners-Lee created the World Wide Web as a way to help people share information. His early work brought the Hypertext Markup Language, or HTML, used to create Web pages. It also gave us the Hypertext Transfer Protocol -- the HTTP before Web addresses.

By two thousand eight, Google reported that the number of Web pages had passed one trillion. Steve Bratt says the World Wide Web Foundation wants everyone to be able to use this information.

Vocabulary Guide

- report   보고하다   · trillion   조(숫자)
- pass   지나다

번역 TRANSLATION

팀 버너스 리는 사람들이 정보를 공유하는 데 보탬이 될 요량으로 월드와이드웹을 발명했습니다. 그의 초기 연구 덕에 웹페이지를 제작하는 데 사용되는 HTML 즉, 하이퍼텍스트 마크업 랭귀지가 탄생했고, 웹주소 앞에 붙는 HTTP 즉, 하이퍼텍스트 트랜스퍼 프로토콜도 나왔습니다.

2008년경 구글은 웹페이지 수가 1조를 초과했다고 밝혔습니다. 스티브 브래트에 따르면, 월드와이드웹 재단은 모두가 이 정보를 이용할 수 있기를 바란다고 합니다.

STEP 3 발음확인

▶ **protocol**
t 양 옆의 모음으로 [프로로콜]

▶ **had passed [햇 패스트]**
과거(분사)형 어미 'ed'는 [p][k][s][ʃ(쉬)][tʃ(취)][f] 다음에서 [t]로 발음합니다. 앞서 공부했던 사례를 다시 연습해봅시다.

- stopped [스땁트]
- looked [룩트]
- stressed [스트레스트]
- washed [워시트]
- watched [워치트]
- laughed [래프트]
- increased [인크리스트]
- discussed [디스커스트]

STEP 4 다시 들으며 따라하기

원어민의 발음을 들으면서 끝까지 따라 읽습니다.

STEP 1 받아쓰기

STEP 2 내용확인

STEVE BRATT: "Our main purpose is to advance the Web to empower people. It's focusing on the Web not just as a technology, but as one of the most powerful means for connecting people to knowledge and people to each other."

Partnerships with the Web Science Trust and the World Wide Web Consortium aim to create applications that make the Web more user-friendly. Steve Bratt says mobile technology is an important part of that work, as more and more people use their phones to go online.

STEVE BRATT: "One of the challenges we have is to make the Web a lot easier to use even on the simplest and least expensive mobile phones."

And that's the VOA Special English Technology Report, written by June Simms. I'm Steve Ember.

Vocabulary Guide

- purpose — 목적
- advance — 발전시키다
- empower — 힘을 실어주다
- means — 수단
- partnership — 제휴관계
- aim to+동사원형 — ~를 목표로 삼다
- user-friendly — 사용하기 편리한
- go online — 인터넷에 접속하다
- challenge — 난제, 과제
- a lot — 훨씬
- the simplest — 가장 단순한
- least expensive — 가장 저렴한

번역 TRANSLATION

스티브 브래트: 저희의 주요 목적은 사람들에게 힘을 실어줄 수 있는 웹을 발전시키는 것입니다. 이는 기술뿐 아니라, 사람과 지식, 그리고 사람을 서로 연결하는 최강의 수단 중 하나인 웹에 주안점을 두고 있습니다.

웹사이언스 트러스트와 월드와이드웹 컨소시엄과의 파트너십은 웹을 좀 더 편리하게 사용할 수 있도록 돕는 애플리케이션을 창출하는 데 목표를 둡니다. 스티브 브래트는 많은 사람들이 휴대폰을 사용하여 인터넷에 접속하므로 모바일 기술이 그 연구의 중요한 역할을 담당한다고 이야기합니다.

스티브 브래트: 우리가 안고 있는 과제 중 하나는 가장 간편하고 저렴한 휴대폰에서도 웹을 훨씬 쉽게 사용할 수 있도록 하는 것입니다.

VOA 스페셜 잉글리시 테크놀로지 리포트는 여기까지입니다. 구성은 존 심스, 저는 스티브 엠버입니다.

STEP 3　발음확인

▶ **least expensive**

least 다음에 모음이 있지만 "t"는 거의 들리지 않습니다. 또한 expensive의 강세도 2음절에 두므로 [(을)리식스]+[펜시브]라고 읽습니다.

▶ **'ex'로 시작하는 단어 발음 정리**

'ex~'는 세 가지 발음([엑스eks], [익스iks], [이그(즈)igz])으로 분류합니다.

[엑스]:	· expert [엑스퍼(r)트]	· export [엑스포(r)트]	
	· extra [엑스츄라]	· exercise [엑서(r)싸이즈]	
[익스]:	· experience [익스피어리언스]	· explain [익스쁠레인]	
	· express [익스쁘레스]	· exchange [익스체인쥐]	
[이그(즈)]:	· example [이그젬플]	· exist [이그지스트]	
	· exhibit [이그지빗]	· exhaust [이그조스트]	

STEP 4　다시 들으며 따라하기

원어민의 발음을 들으면서 끝까지 따라 읽습니다.

10
LANGUAGE
언어

10 어원 이야기

STEP 1 받아쓰기

STEP 2 내용확인

Words and Their Stories: Feel The Pinch

I'm Susan Clark with the Special English program WORDS AND THEIR STORIES.

In the nineteen thirties, a song, "Brother, Can You Spare a Dime?," was very popular in the United States. It was the time of the big Depression. The song had meaning for many people who had lost their jobs.

A dime is a piece of money whose value is one-tenth of a dollar. Today, a dime does not buy much. But it was different in the nineteen thirties. A dime sometimes meant the difference between eating and starving.

Vocabulary Guide

· pinch	꼬집다	· value	가치, 가격
· spare	빌려주다	· one-tenth	10분의 1
· dime	10센트	· difference between A and B	A와 B의 차이
· Depression	대공황	· starving	굶주림

번역 TRANSLATION

스페셜 잉글리시의 「어원이야기」를 진행하는 수잔 클라크입니다.

1930년대 미국에서는 「10센트 좀 빌려주게, 친구(Brother, Can You Spare a Dime?)」라는 노래가 인기를 끌었습니다. 그때가 바로 대공황의 시기였습니다. 그 노래는 직장을 잃은 많은 사람들에게 의미가 있었습니다.

10센트는 1달러의 10분의 1인 화폐를 일컫습니다. 요즘에는 10센트로 살 수 있는 것이 별로 없지만, 1930년대는 그렇지 않았습니다. 10센트가 먹느냐 굶느냐의 차이를 의미하기도 했으니까요.

STEP 3　발음확인

▶ **meant the**

t가 겹치므로 하나만 발음합니다.

[멘트]+[더] = [멘떠]

이때 주의해야 할 점은 혀를 빼고 "the[더]"를 발음해야 한다는 것.

STEP 4　다시 들으며 따라하기

원어민의 발음을 들으면서 끝까지 따라 읽습니다.

STEP 1   받아쓰기

STEP 2   내용확인

The American economy today is much better. Yet, many workers are concerned about losing their jobs as companies reorganize.

Americans have special ways of talking about economic troubles. People in business may say they feel the pinch. Or they may say they are up against it. Or, if things are really bad, they may say they have to throw in the towel.

A pinch is painful pressure. To feel the pinch is to suffer painful pressure involving money.

The expression, feel the pinch, has been used since the sixteenth century. The famous English writer William Shakespeare wrote something very close to this in his great play "King Lear."

Vocabulary Guide

· reorganize	구조조정하다	· pressure	압력
· economic troubles	경제 불황	· suffer	(고통을) 겪다
· be up against it	궁핍하다	· involving money	돈에 대해
· towel	타월	· expression	표현
· painful	아픈	· play	희곡

번역 TRANSLATION

오늘날의 미국 경제는 훨씬 좋아졌습니다. 그러나 많은 근로자들은 회사가 구조조정에 돌입할 땐 일자리를 잃진 않을까 노심초사합니다.

미국인들은 색다른 방식으로 경제 불황을 이야기합니다. (이를테면) 회사 사람들은 "필 더 핀치 (feel the pinch, 누군가가 꼬집는 것 같다)."라거나, "업 어겐스트 잇(up against it, 궁핍하다)," 혹은 상황이 정말 좋지 않을 땐 "쓰로우 인 더 타월(throw in the towel, 타월을 던져 넣어야 한다)."고 말할 것입니다.

핀치란 '통증을 일으키는 압력(꼬집다)'이란 뜻입니다. (그러므로) 필 더 핀치는 돈에 대해 아플 만큼 압력을 받는다는 말이 됩니다.

'필 더 핀치'라는 표현은 16세기 이후부터 사용돼왔으며, 저명한 영국 작가 윌리엄 셰익스피어 (William Shakespeare)도 그의 걸작 『리어왕(King Lear)』에서 이와 아주 흡사한 말을 썼습니다.

STEP 3   발음확인

▶ **close to**

품사에 따라 발음이 달라지는 단어입니다.

{ · close   [klouz]   명사/동사: 끝/닫다
  · close   [klous]   형용사/부사: 가까운/곁에서

· abuse	[əbjúːz(어뷰즈)]	동사: 남용하다, 학대하다
· abuse	[əbjúːs(어뷰스)]	명사: 남용, 학대

use	[juːs(유스)]	명사: 사용
use	[juːz(유즈)]	동사: 사용하다

STEP 4 다시 들으며 따라하기

원어민의 발음을 들으면서 끝까지 따라 읽습니다.

STEP 1   받아쓰기

STEP 2   내용확인

King Lear says he would accept necessity's sharp pinch. He means he would have to do without many of the things he always had.

Much later, the Times of London newspaper used the expression about bad economic times during the eighteen sixties. It said, "so much money having been spent …… All classes felt the pinch."

Worse than feeling the pinch is being up against it. The saying means to be in a lot of trouble.

Word expert James Rogers says the word "it" in the saying can mean any and all difficulties. He says the saying became popular in the United States and Canada in the late nineteenth century. Writer George Ade used it in a book called "Artie." He wrote, "I saw I was up against it."

Vocabulary Guide

- necessity 필요(성)
- do without ~없이 지내다
- times 시기
- class 계층

번역 TRANSLATION

리어왕은 필요의 쓰라린 핀치를 감내하리라고 말합니다. 항상 있었던 많은 재산(things)이 없이 지내야한다는 뜻으로 한 말입니다.

수년이 흐른 뒤 「런던 타임스」신문도 1860년대 경제 불황에 대한 표현을 썼습니다. "돈을 흥청망청 써댔다. …… 모든 계층이 핀치를 느꼈다."는 기사가 게재된 것입니다.

핀치를 느끼는 것보다 더 상황이 나쁠 땐 "업 어겐스트 잇"이라고 말합니다. (주머니 사정에) 문제가 심각하다는 뜻입니다.

언어전문가 제임스 로저스(James Rogers)에 따르면, 여기서 "IT"은 온갖 어려움을 의미한다고 합니다. 또한 이 관용어는 19세기 말 미국과 캐나다에서 유행했다고 그는 덧붙였습니다. 조지 에이드(George Ade) 작가도 『아티(Artie)』라는 책에서 이를 인용했습니다. (예컨대) 그는 "내가 업 어겐스트 잇하다는 것을 안다."라고 썼습니다.

STEP 3 발음확인

▶ **later**

"t" 양쪽에 모음이 있으므로 [(을)레이러]

▶ **Artie**

'모음+자음+t+모음'에서 t는 앞 자음에 '밀려' 탈락되고 맙니다.

- **Art**ie [아(r)리]
- repo**rt**ing [러포(r)링]

- supp**ort**ive   [써포(r)리브]
- th**ir**ty   [써리("써"는 혀를 윗니에 살짝 댔다가 뒤로 떼면서 발음합니다)]

STEP 4 다시 들으며 따라하기

원어민의 발음을 들으면서 끝까지 따라 읽습니다.

STEP 1 받아쓰기

STEP 2 내용확인

Sometimes a business that is up against it will have to throw in the towel. This means to accept defeat or surrender.

Throwing in the towel may mean that a company will have to declare bankruptcy. The company will have to take legal steps to let people know it has no money to pay its debts.

Word expert Charles Funk says an eighteen seventy-four publication called the Slang Dictionary explains throwing in the towel. It says the words probably came from the sport of boxing, or prizefighting. The book says the saying began because a competitor's face was cleaned with a cloth towel or other material. When a boxer's towel was thrown, it meant

he was admitting defeat.
Most businesses do not throw in the towel. They just reorganize so they can compete better.

This Words And Their Stories was written by Jeri Watson. I'm Susan Clark.

Vocabulary Guide

· defeat	패배	· publication	출판물
· surrender	항복	· prizefighting = boxing	권투
· declare	선언하다	· competitor	상대편
· bankruptcy	파산	· admit	인정하다
· take steps	조치를 취하다	· compete	경쟁하다
· debt	부채		

번역 TRANSLATION

'업 어겐스트 잇'한 기업이 '타월을 던져 넣어야' 할 때도 종종 있습니다. 이는 패배를 인정하거나 항복한다는 뜻입니다.

"타월을 던져 넣는다."는 '회사가 파산을 선언해야 할 참'이란 뜻일 수도 있습니다. 회사는 부채를 상환할 돈이 없다는 사실을 국민에게 알리는 절차를 밟아야 할 것입니다.

언어 전문가 찰스 펑크(Charles Funk)는 1874년 출간된 '슬랭사전(Slang Dictionary)'이 '타월을 던져 넣는다.'의 뜻을 풀이했다고 말합니다. 사전에 따르면, 이 어구는 아마 복싱, 즉 권투 종목에서 유래한 것으로 추정됩니다. 즉, 상대 선수의 얼굴이 타월이나 다른 재료로 닦았기 때문에 쓰기 시작했으며, 선수의 타월을 던진다는 것은 그가 패배를 인정했다는 뜻입니다.

기업은 대부분 '타월을 던지지' 않습니다. 경쟁력을 좀 더 키우려고 조직을 재정비할 뿐입니다. 어원이야기는 구성 제리 왓슨, 저는 수잔 클라크입니다.

STEP 3 　발음확인

▶ **prizefighting**

gh는 발음하지 않으므로 t 양쪽에 모음이 남습니다.

> fighting [프라이즈파이링]

▶ **admitting**

두 번째 음절에 강세가 있는 단어는 과거나 분사형(ING)에서 자음을 하나 더 씁니다.

> T의 양쪽에 모음이 있으므로 [어드미링]

· referring / referred (언급하다)　　· transmitting / transmitted (전송하다)

· preferring / preferred (선호하다)　　· committing / committed (저지르다)

· remitting / remitted (보내다)

STEP 4 　다시 들으며 따라하기

원어민의 발음을 들으면서 끝까지 따라 읽습니다.